Nicole Staudinger

MÄNNER
SIND AUCH NUR
MENSCHEN

Warum es hilft,
sie hin und wieder daran
zu erinnern

KNAUR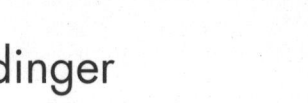

Besuchen Sie uns im Internet:
www.knaur.de

Aus Verantwortung für die Umwelt hat sich die Verlagsgruppe
Droemer Knaur zu einer nachhaltigen Buchproduktion verpflichtet.
Der bewusste Umgang mit unseren Ressourcen, der Schutz unseres Klimas
und der Natur gehören zu unseren obersten Unternehmenszielen.
Gemeinsam mit unseren Partnern und Lieferanten setzen wir uns
für eine klimaneutrale Buchproduktion ein, die den Erwerb von
Klimazertifikaten zur Kompensation des CO_2-Ausstoßes einschließt.
Weitere Informationen finden Sie unter: www.klimaneutralerverlag.de

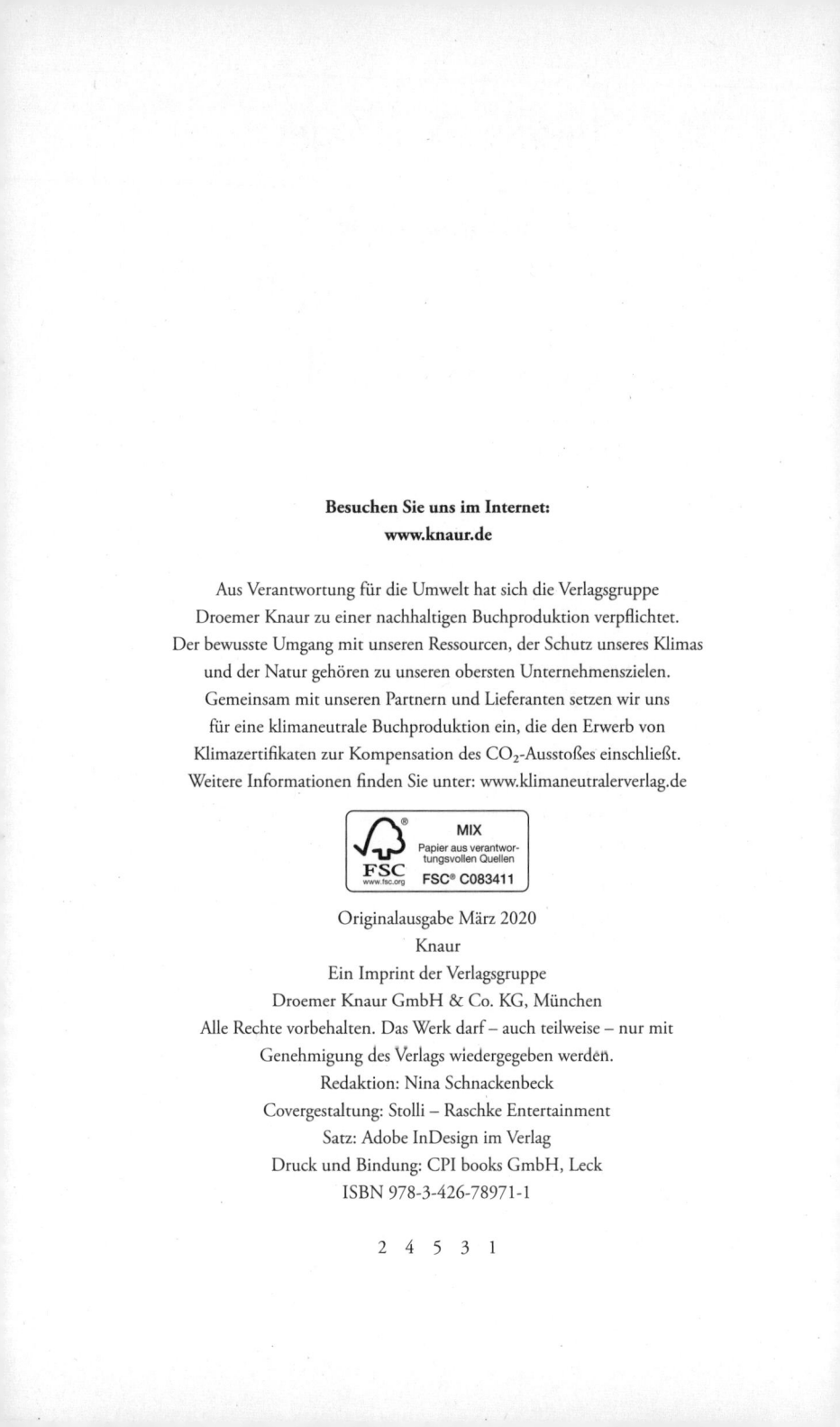

Originalausgabe März 2020
Knaur
Ein Imprint der Verlagsgruppe
Droemer Knaur GmbH & Co. KG, München
Redaktion: Nina Schnackenbeck
Covergestaltung: Stolli – Raschke Entertainment
Satz: Adobe InDesign im Verlag
Druck und Bindung: CPI books GmbH, Leck
ISBN 978-3-426-78971-1

2 4 5 3 1

Inhalt

Für alle Superheldinnen,
die keinen Applaus bekommen.

Für all die tollen Frauen, die manchmal vergessen,
was sie alles leisten und können.

Für all die Ladys, die jede(n) Jeck(in) anders Jeck sein lassen.

Für alle Schlagfertigkeitsqueens und solche,
die es noch werden wollen!

Und für all die Menschen,
die gerade auf einem Weg unterwegs sind,
den sie so gar nicht auf der Landkarte hatten:
Achtet auf die Blumen.

Liebe Leserinnen,

vielleicht macht es Sinn, dass ich mich kurz vorstelle, für die, die mich noch nicht kennen. Ich denke, es ist von Bedeutung, zumindest einen Teil meiner Lebensgeschichte diesem Buch voranzustellen.

Hallo!
Mein Name ist Nicole Staudinger, Jahrgang 1982. Ich kam über einen Schicksalsschlag zum Schreiben. Unmittelbar davor machte ich mich als zweifache Mutter und zertifizierte Trainerin mit Seminaren für Frauen zum Thema Schlagfertigkeit und Kommunikation selbstständig. Eine Schnaps- oder besser: Kölsch-Idee, die auf Anhieb funktionierte.
Vier Wochen später, an meinem 32. Geburtstag, bekam ich die Diagnose Brustkrebs. Ich habe mir die Brüste entfernen lassen. Vom Weg dahin und meinem Leben danach wollte ich unbedingt erzählen. In einem Buch.
Brüste umständehalber abzugeben landete 2015 über Nacht auf der Bestsellerliste.
Nach meiner Genesung machte ich da weiter, wo ich aufgehört hatte.
Ich schrieb die *Schlagfertigkeitsqueen*. Gut ein Jahr später folgte die *Stehaufqueen*, ein hochpersönliches Buch darüber, wie man die Herausforderungen des Lebens (elegant und majestätisch) meistern kann, kurz: Es geht darin um Resilienz. Anschließend widmete ich mich einer wirklich ernsten

Sache. Und so lautete mein vierter Bestseller: *Ich nehm schon zu, wenn andere essen!*

Ich bin also die, die sich Frauenthemen schlagfertig annimmt, keine klassischen Lesungen, sondern Shows macht, in denen meist auch noch gesungen wird, und die dem Schreiben treu geblieben ist. Letzteres merken Sie just in diesem Moment, weil Sie Buch No. 5 in Händen halten.

Los geht's!

Oh, sorry. Pardon. Tut mir leid. Darf ich mal?« Frau Staudinger beim Versuch, ihr schweres Handgepäck in dem dafür vorgesehenen Stauraum im Flugzeug unterzubringen. Da ich nichts mehr hasse, als am Gepäckband auf meinen Koffer zu warten, versuche ich grundsätzlich, alles in meinem kleinen Trolley zu verstauen. Was wiederum zur Folge hat, dass dieser nicht selten siebentausend Kilo wiegt.

Wie so häufig bin ich am Montagmorgen im Flieger nach Berlin von zahlreichen Männern umgeben. Ich würde sagen, das Verhältnis von Anzugträgern zu Ladys ist siebzig zu dreißig. Ähnlich wie in Hotels am Frühstücksbüfett. Aus meiner Erfahrung heraus kommt auf vier Männer eine Frau. Was ja völlig okay ist, aber irgendwie auffällig.

Ähnlich auffällig wie die Tatsache, dass mir keiner der anwesenden Herren dabei behilflich ist, den Koffer über mich zu hieven. Ganz im Gegenteil. Hinter mir sitzt ein Mann in meinem Alter, und sein Gesichtsausdruck scheint Folgendes auszudrücken: *Mädel, du willst emanzipiert sein – dann zieh das jetzt auch durch!*

»Kommen Sie mal her, Sie armes Ding. Zusammen schaffen wir das«, tritt eine Dame jenseits der fünfzig an meine Seite und fügt deutlich lauter hinzu: »Die letzten Kavaliere sind ja alle im Krieg gefallen.«

11

Der Mann hinter mir steckt sich als prompte Reaktion die Kopfhörer in die Ohren.

»Ach, das ist nur eine Ausnahme!«, werden Sie jetzt rufen. Und ganz sicher ist sie das. Es gibt bestimmt noch viele hilfsbereite Männer. Vielleicht in dem Flieger nach München. Oder Honolulu.

Aber ich fand die Anekdote als Einstieg in dieses Buch passend.

Wie viele von Ihnen vielleicht wissen, gebe ich meine Seminare überwiegend für Frauen. Daher könnte sich der Verdacht aufdrängen, ich könne zu dem Thema »Männer sind auch nur Menschen« eigentlich gar nichts sagen. Kann ich aber wohl. Aus mehreren Gründen.

Zunächst einmal, weil ich mit vier Männern zusammenwohne. Sie sind von unter zehn bis knapp siebzig Jahre und liefern mir täglich Hunderttausende Gründe, dieses Buch zu schreiben.

Außerdem arbeite ich als Trainerin und Speakerin tatsächlich in einem immer noch männerdominierten Umfeld, was durchaus amüsant, teilweise aber auch erschreckend ist. Sie lesen dazu später noch etwas mehr. Und zu guter Letzt – und das ist für mich tatsächlich am spannendsten –, die Frauen, die ich trainiere, sind oftmals *ganz* allein unter Männern!

Ich verrate Ihnen also nicht nur meine ganz eigenen, nicht immer ernst gemeinten Überlebensstrategien im Umgang mit Männern, sondern erzähle Ihnen auch von Frauen, die sich ernst gemeinte Methoden zurechtgelegt haben, um besser zurechtzukommen. Und wie Schlagfertigkeit uns allen lebensrettend zur Seite stehen kann.

Das Buch bietet hier und da auch einen selbstreflektierten Blick auf uns Ladys und stellt die sehr ernst gemeinte Frage, ob die Herren der Schöpfung tatsächlich »das Problem« sind oder der Hund vielleicht ganz woanders begraben liegt …

Es ist kein Männermeckerbuch oder der Versuch, den Dreibeinern dieser Welt für irgendwas die Schuld in die Schuhe zu schieben. Nee, gar nicht! Denn manchmal kommt es sogar vor, dass wir uns von den Herren der Schöpfung Dinge abgucken. Aber pssst! Das verraten wir natürlich niemandem. Vor allem nicht den Männern!

Also, Ladys, viel Spaß beim Schmökern, Lachen und Ausprobieren!

Aller guten Dinge sind drei …

Das fängt ja gut an: drei Vorwörter, bevor es losgeht …
Aber manchmal – und davon kann ich leider ein Lied
singen – spielt das Leben eben anders, als man es sich gedacht hat.

Mein Mann – alias »Hase« – und ich haben uns vor vierzehn
Jahren das Versprechen der Ehe aus vollstem Herzen gege-
ben. Und wir sind durch wundervolle, sonnige Jahre und
durch ganz heftige Stürme gemeinsam geschippert.
Leider trug uns der Wind in verschiedene Richtungen.
An so was trägt keiner Schuld, wenn, dann nur das Wetter.
In unserem Fall das Leben.
Daher haben der »Hase« und ich während der Schreibphase
beschlossen, unsere Ehe in eine Freundschaft zu verwandeln.
Klingt kitschig und nach Phrase, ist aber keine.
Ich habe lange überlegt, ob ich Passagen in diesem Buch än-
dern soll, aber das wäre nicht echt, nicht authentisch und
würde unserer gemeinsamen Zeit nicht gerecht werden.
Dennoch möchte ich ehrlich zu Ihnen sein. Wenn Sie also
Formulierungen lesen wie »und dafür liebe ich ihn«, so ist das
immer noch aktuell, wenn auch auf einer anderen Ebene.
Da ich durch alle Bücher hinweg zu Ihnen, liebe Leserinnen,
ein offenes und privates Verhältnis pflege, wollte ich einfach,
dass Sie über diese Entwicklung Bescheid wissen.

Ihre Nicole Staudinger

Weiter im Text

Meine Freundin Annett arbeitet in einer führenden Position in der Baubranche. Diese Branche, das können Sie sich denken, ist immer noch schwer männerdominiert. Interessierte meine Freundin nie.

»Annett, wie sieht denn deine nächste Woche aus?«

»Ach, fast wie immer, außer, dass ich eine Rede vor versammelter Belegschaft halte.«

»Wie spannend! Bist du aufgeregt?«

»Nö. Warum?«

»Ich dachte nur. Wie viele Mitarbeiter seid ihr denn?«

»So um die fünfhundert und es kommen alle.«

»Hui, ich bin schon beim Zuhören aufgeregt!«

»Ich weiß, was ich sagen will, und der Rest kommt von allein.«

»Überwiegend Männer?«

»99 Prozent.«

»Darf ich mich dazwischenmogeln? Mich interessiert, wie du die händelst und ob ich einen Unterschied zu meinem überwiegend weiblichen Publikum feststellen kann.«

»Ja und ja«, sie lacht. »Du wirst einen Unterschied merken, das verspreche ich dir.«

Ich interessiere mich für die Jobs aller meiner Freundinnen, und wenn ich die Gelegenheit bekomme, schaue ich mir gerne genauer an, wie sie in ihrem Arbeitsumfeld agieren. Aber im verschwörerischen Lachen meiner Freundin lag noch so viel mehr: *Das wirst du nicht glauben, bis du es selbst erlebt hast …*

Gesagt, getan.

Der Tag kam, ich schummelte mich ganz hinten in den großen Konferenzraum eines Tagungshotels und fiel im Prinzip nur durch mein Geschlecht auf. Die 99 Prozent Männeranteil waren nicht übertrieben.

Inhaltlich verstand ich rein gar nichts von dem, was Annett auf der Bühne präsentierte, aber ich konzentrierte mich ohnehin auf ihre Rhetorik und Körpersprache.

Und die beeindruckte mich schwer.

Ihr Stand war fest, denn die Füße hatte sie etwas weiter auseinandergestellt. Dadurch war sie geerdet. Das ist das Wort, das mir dazu einfällt. Sie war geerdet in allem, was sie während des Vortrags tat. Aber am beeindruckendsten empfand ich ihre Stimmlage und Atmung. Mensch, was für eine coole Socke! Tiefe, sonore Stimme, keine – nicht den Hauch einer – Spur von Nervosität. Und alle klebten an ihren Lippen.

Fast alle.

Bis auf die letzte Reihe.

Hier kam plötzlich Gekicher auf. Zwei Männer starteten mit anzüglichen Bemerkungen. Auch ohne den Inhalt zu verstehen, war durch die Handbewegungen klar, worüber man sich gerade austauschte. Die Oberweite meiner Freundin schien in jedem Fall mehr als der Inhalt der Rede zu interessieren.

Zu Beginn fiel es kaum auf, weil die Herren eben ganz hinten saßen. Doch die Stille Post zog schnell ihre Kreise, und Annett, die alle Zuhörer im Blick hatte, bekam das mit.

Während mir der Schweiß ausbrach, ließ sie sich gar keine Reaktion entlocken. Doch es musste in ihrem Kopf rattern, war ich sicher. Es lag an ihr, binnen Sekunden eine Entscheidung zu treffen:

Gehst du darauf ein oder hoffst du, dass es sich von selbst erledigt?

Denken und reden. Eine Fähigkeit, die nicht einfach ist, aber gute Speaker zeichnen sich genau darin aus.

Da ich mich als blinder Passagier nicht äußern durfte, und glauben Sie mir: Das fiel mir *wirklich* schwer, blieb mir wohl oder übel nur die Rolle der Beobachterin.

Was würde *ich* tun?

Was würden *Sie* tun?

Die Herren tuschelten weiter, die Kreise wurden größer. Köpfe drehten sich um und wollten an dem Spaß teilhaben.

»Entschuldigen Sie, wie war noch mal Ihr Name?«, fragte da meine Freundin von der Bühne herunter laut und deutlich den Kollegen, der aus ihrer Sicht federführend war. Sie nahm festen und selbstbewussten Blickkontakt auf.

»Kaufmann!«, antwortete dieser, ohne eine Spur eingeschüchtert zu sein.

Die Stimmung im Saal: in nur zwei Sekunden zum Schneiden.

Der »Kampf« war eröffnet.

»Lieber Herr Kaufmann, sind Sie so nett und wiederholen das Ganze noch mal laut für alle?«

Sämtliche Anwesenden drehten sich um.

Herr Kaufmann saß auf dem Präsentierteller.

Und jetzt sah man ihm an, dass er sich unwohl fühlte. Sicher wog er ab, ob er mit »Wir überlegen uns gerade, welcher Quote Sie Ihren Job zu verdanken haben« oder einer diplomatischeren Antwort kontern sollte.

Er entschied sich für Letzteres, vermutlich, weil sein Chef ebenfalls anwesend war:

»Ach, schon gut«, gab er klein bei.

Im Gegensatz zu Annett.

Die machte den Sack zu: »Ich dachte mir, dass es nichts Relevantes sein kann. Weiter im Text.«

»O Gott, Annett, ich verneige mich vor dir!«

»Warum?«

»Wie du das gemeistert hast, ohne die Nerven zu verlieren.«

»Das ist hier mein Alltag, daran habe ich mich gewöhnt. So etwas macht mich nicht mehr wuschig.«

Wir unterhielten uns noch lange darüber, und Annett weihte mich in ihr Geheimnis ein. Folgendes hat sie über die Zeit für sich erkannt:

Überlebensstrategien von Annett:

- Der Schutzschild

  Taaaadaaaa! Da ist er wieder, meine Damen. Wir haben schon in der *Schlagfertigkeitsqueen* ausführlich darüber gesprochen. Bevor Annett zur Arbeit geht, zieht sie ihn hoch. Er hilft ihr, Kommentare, die nicht zur inhaltlichen Debatte beitragen, an sich abprallen zu lassen.

- Everybody's Darling vs. Mäuschen vom Dienst

  Einen Tod muss man sterben. Annett sagt: »Entweder ich riskiere, dass dieser eine Kollege mich doof findet, oder aber, dass mein ganzer Vortrag gesprengt wird.«

- Der Ton macht die Musik

  Nicht dass Annetts Ton überaus freundlich gewesen wäre, aber er war »harmlos«. Weil der Inhalt des Gesagten so knackig war. Je deutlicher die Nachricht, desto harmloser der Tonfall.

- Nicht verallgemeinern

  »Du hast gesehen, wie viele Zuschauer da waren. Die, die
  Unruhe gestiftet haben, waren nur ein paar. Die standen
  weder stellvertretend für alle, noch war es die Masse.
  Sprich: Der eine, der angefangen hat, hat es einfach nicht
  verdient, dass ich ihm so viel Aufmerksamkeit schenke.«

Ja, Ladys, so geht's eben auch.

Nicht nur, dass mich Annetts Verhalten auf der Bühne gren-
zenlos beeindruckt hat. Am erstaunlichsten war für mich die
Tatsache, dass der Zwischenfall sie wirklich nicht mitgenommen hat.

Die Sache war in dem Moment für sie abgehakt, als sie ihren
Satz ausgesprochen hatte. Nach dem Vortrag in der Lobby
begegnete sie dem Kollegen Kaufmann völlig unvoreinge-
nommen und sogar freundlich. Sie hat es ihm nicht nachge-
tragen.

Wie hat sie das geschafft?

Annett hat ihr Fass leerlaufen lassen. Sie hat sich nichts ver-
drückt, wie wir es oft tun. Sie hat das Problem in dem Moment angepackt, in dem es aufgetaucht ist, und so dem Frust
erst gar keine Chance gegeben, sich durch sie hindurchzu-
fressen.

Zwischen der ersten Reaktion und dem Wegpacken gibt es
nämlich noch ein paar Stufen. Wir, ich nehme mich davon
nicht aus, reagieren vielleicht auf den »Bühnen« dieser Welt
noch souverän, aber nachher, allein im Auto, kommen die
Selbstzweifel oder der Ärger hoch.

Annetts Strategien geben ihr Kraft und Zuversicht, um
angstbefreit in die nächste Situation zu gehen, anstatt in einer Habtachtstellung zu verharren, was sicherlich negative

Auswirkungen auf ihren nächsten Vortrag vor vielen Menschen hätte.

Wenn ich eines in den letzten Jahren gelernt habe, dann ist es das: Menschen in Habtachtstellung können nicht über sich hinauswachsen und letztlich das Leben nicht genießen. Das gilt für sprachlose gleichermaßen wie für angstbelastete Menschen (beispielsweise nach einer schweren Erkrankung).

Angriff!

Fürchten wir Frauen uns vor Angriffen?
Vielleicht.
Annett mit Sicherheit nicht.
Auch eine Polizistin darf keinen Angriff fürchten, sonst hätte sie ihren Job falsch gewählt.
Lassen Sie uns diesem Thema einen Schlüsselsatz voranstellen: »**Es wird der angegriffen, der den Ball hat.**«
Alle anderen Spieler sind uninteressant. Die werden höchstens gedeckt oder abgeschirmt, um nicht an den Ball zu kommen und womöglich damit den ach so wichtigen Treffer zu versenken.
Wenn wir einen Angriff so sportlich betrachten, wirkt er gleich charmanter. Vorausgesetzt, man mag Sport. Meine Einstellung zu diesem leidigen Thema dürfte hinlänglich bekannt sein ...
Wenn Sie mich fragen, liebe Damen, haben Sie darum nur zwei Möglichkeiten, wenn Sie sich im Job, in welcher Form auch immer, angegriffen fühlen:

1. den Angriff als sportliche Herausforderung zu sehen oder
2. die Latte für den Angreifer höher zu legen.

Womit wir wieder beim Thema Schutzschild wären.
Ich vermeide bewusst die Redensart »Sich ein dickes Fell zulegen«, weil das voraussetzt, dass wir tatsächlich dickfel-

liger werden und damit undurchlässiger. Die emotionale Seite, die uns Frauen oftmals als Schwäche ausgelegt wird, bezeichne ich jedoch ganz klar als unseren USP. Sofern wir sie gut einsetzen.

Unterschiedliche Gefühlsuniversen

Mein älterer Sohn, elf Jahre alt, und ich hatten neulich einen ganzen Tag nur für uns. Das mache ich manchmal: Da picke ich mir einen meiner beiden Söhne raus, und wir unternehmen etwas zu zweit. In diesem Fall war es also Max. Er begleitete mich erst zu einem Live-Radiointerview beim WDR, anschließend gingen wir eine Pizza essen und drehten eine große Runde im Wald, ehe wir nach Hause zurückkehrten. Ein traumhaft schöner Tag für uns beide.

Und der fing schon im Auto an. Da war Max Herr über *Spotify*, und wir sangen die ganze Fahrt über mit. Obwohl Max seine Mutter ziemlich langweilig findet (ich mache ja nur Bücher), fand er es beim Radio dann doch ziemlich cool.

Max und ich unterhielten uns an diesem Tag ganz ungezwungen miteinander. Ich nahm alles in mich auf wie ein Schwamm. Viel Zeit dazu haben wir nicht, also: Einfach nur genießen, nahm ich mir vor. Handy weg. Und mich auf dieses Zauberwesen konzentrieren.

Im Wald machten wir Pause an unserem Lieblingssee und starrten einfach auf das Wasser, bis Max ganz träumerisch sagte:

»Mama, weißt du, woran ich schon den gaaaaaanzen Tag denken muss?«

Frau Mama setzte sich in Positur, weil sie sich sicher war,

genau in diesem Moment die Liebeserklärung ihres Lebens zu bekommen.

»Nein, mein Liebling, verrätst du es mir?«, säuselte ich zurück.

»Wie breit wohl Russland von oben nach unten ist?«

Ja, lesen Sie das ruhig noch einmal.

Zu gern hätte ich meinen Gesichtsausdruck gesehen.

Mit Sicherheit unbezahlbar.

Überlebensstrategie:

• Atmen!

Männer und Gefühle. Hach! Schwieriges Thema. Aber nicht annähernd so schwierig wie Frauen und Gefühle.

Ich will gar nicht behaupten, dass Männer keine Gefühle hätten, ganz sicher haben sie die. Aber vielleicht empfinden sie gewisse Dinge einfach anders als wir und bringen sie daher auch anders zum Ausdruck. Über dieses Thema wurde schon vieles gesagt, wurden Studien aufgestellt und Comedy-Programme geschrieben.

Und trotzdem widme ich mich dem Thema auch, einmal von der privaten und dann auch gerne noch einmal von der beruflichen Seite.

Wie Sie an Max und seinem Russlandfokus gesehen haben, scheinen die Gefühlswelten von Männern und Frauen ein bisschen auseinanderzudriften. Und ihre Bedürfnisse in denselben. Wir waren in dem Moment Mama und Kind, da konnte ich es gänzlich mit Humor betrachten. Aber mir fallen ad hoc hundert Gespräche zwischen meinem Mann und mir ein, in denen ich romantischen Gedanken nachhing und mein Mann ... nicht die Spur. Einmal konnte er nicht verstehen, dass ich eine fleischfressende Pflanze von Aldi als gar nicht sooo passendes Hochzeitstagsgeschenk empfand.

»Du hast gesagt, du willst keine Blumen. Und die hier frisst sogar Fruchtfliegen.«

Toll!

Halb so schlimm. Meine Tränen sind ja auch wieder getrocknet.

Vielleicht sind wir Frauen emotional verwundbarer als Männer. Aber heißt das, dass wir diese Eigenart ablegen sollten? Oder ist es nicht genau das, was uns ausmacht?

Aus meiner Erfahrung heraus sind die meisten Frauen mit einer großen Portion Empathie ausgestattet, wir haben das Talent, *mit*zufühlen.

Lassen Sie sich das doch mal auf der Zunge zergehen: *MIT-FÜHLEN*.

Das ist ein Geschenk.

Im Laufe der letzten Jahre habe ich Zigtausende von Frauen live unterhalten. Besonders in der Show zur *Stehaufqueen* erkenne ich in den Augen meiner Zuschauerinnen oft eine Art Schmerz. Nicht über ihr eigenes Schicksal. Sie empfinden das nach, was ich auf der Bühne erzähle. Die Geschichten, die das Leben schreibt. Von mir und anderen Menschen, denen Schlimmes und ganz Schlimmes widerfahren ist.

Das hätte er mir gesagt

Sag mal, Hase, hatte Thorsten nicht Geburtstag?«
»Ja.«
»Kann es sein, dass er gefeiert hat? Ich meine, ich hätte da auf *Facebook* was gesehen.«
»Kann sein, ja.«
Ach, ich liebe diese ausgereiften Gespräche mit meinem Mann. Die haben so etwas Befriedigendes.
Zur Erklärung: Thorsten ist mit meinem Mann seit der Berufsschule befreundet. Also, zumindest sagen das beide. »Befreundet« ist ein Wort, das ich an gewisse Maßstäbe knüpfe. Und allein in diesem Satz liegt wahrscheinlich das ganze Dilemma.
Sie werden sehen …
Mein Mann und Thorsten sehen sich nicht oft, sie wohnen sechshundert Kilometer voneinander entfernt. Aber wann immer es einen in die Ecke des anderen zieht, gehen sie gemeinsam etwas essen oder trinken. Ich durfte einmal Zeugin eines dieser hochemotionalen Treffen sein. Und habe schon damals verstanden, dass meine Maßstäbe niemanden interessieren.
»Aber waren wir denn nicht eingeladen?«
Vielleicht hatte mein Mann schlicht abgesagt, weil einer von uns in Timbuktu verweilte. Unser Kalender ist tatsächlich ziemlich voll.
»Nö.«

»Warum nicht? Ist was passiert?«

»Was soll passiert sein?«

»Na ja, ihr seid doch so viele Jahre befreundet … Ich hätte gedacht, dass er zumindest dich zu seiner Feier einlädt.«

Kurze Denkpause bei meinem Mann.

»Ja, stimmt, hätte er machen können. Hat er aber nicht.«

»Habt ihr euch gestritten?«

»Nein!« Er guckt mich entsetzt an.

»Hast du irgendwas gesagt, was ihn getroffen hat? Oder ich??«

»Nee, das hätte er mir gesagt.« Mein Mann ist von mir genervt, und ich erkenne an seiner Tonlage, dass ihm unser Gespräch als nicht sinnvoll erscheint.

Moooooment. Noch mal zurück.

Meine Damen, können Sie sich das vorstellen?

Da feiert eine sehr gute Freundin Geburtstag, und wir werden nicht eingeladen.

Beim Einkaufen treffen Sie auf eine gemeinsame Bekannte: »Hallooo, Liebes, bla, bla, bla, wir sehen uns dann am Samstag!«

»Tun wir das?«

»Na, Tina feiert doch.«

Schreck. Panik. Rotes Gesicht. Du bist seit dreißig Jahren mit Tina befreundet und weißt von keiner Feier.

Gedanke eins: *Ich habe es vergessen. Sie hat mich natürlich eingeladen, aber ich habe es vergessen. Ooooooooh Mist!!!*

Gedanke zwei, der parallel zu eins abläuft: *So was vergisst du doch nicht! Wann soll sie dir das denn gesagt haben? Vielleicht kam die WhatsApp nicht an?*

Leichte Übelkeit bei Gedanke Nummer drei: *Sie hat mich nicht eingeladen. Sie hat mich* nicht *eingeladen. O Gott, was habe ich ihr getan? Wann habe ich ihr was getan?*

Wüste weitere Gedanken: *Sie ist die letzten Wochen schon so komisch. Sie mag mich nicht mehr. Sie liebt mich nicht mehr. Unsere Freundschaft ist aus und vorbei. Alle werden auf der Party über mich reden. Über den Vorfall. Wann war das noch mal, verdammt? Ich bin ein unsensibler Klotz!*

Das passiert in unseren Köpfen binnen Sekunden, während wir antworten:

»Ich weiß noch nicht, ob ich's schaffe. Du, sei mir nicht böse, ich muss jetzt weiter.« Küsschen rechts, Küsschen links. Wir fahren heim, und der Tag, ach, was sage ich, die ganze Woche ist im Eimer.

Unsere Selbstzweifel nehmen wir mit in unsere Familie und in unseren Job.

Wir könnten da rauskommen. Mit *einem* Telefonat:

»Tina, was ist los? Ich habe gerade gehört, dass du Geburtstag feierst. Davon weiß ich gar nichts. Ich bin fix und fertig. Was habe ich nicht mitbekommen?«

Oder aber wir würden die Strategie fahren wie mein Mann:

»Er hat wahrscheinlich einfach vergessen, mich einzuladen.«

»Hase, ich bitte dich! Das vergisst man doch nicht. Du hast ihn bestimmt verärgert.«

»Nee, das hätte er mir gesagt.«

Fertig. Aus. Gespräch beendet.

Ein paar Wochen später feiert mein Mann Geburtstag. Auf seiner Gästeliste steht ganz oben: Thorsten.

Jetzt ich:

»Ach, Thorsten kommt?«

»Na klar!«

»Na ja, sooo klar ist das nicht. Immerhin hat er dich nicht eingeladen.«

Mein Mann versteht den Zusammenhang so rein gar nicht und gibt mir noch nicht mal eine Antwort.

Der Abend kommt, und ich werde nervös. Ich bin gespannt auf das Aufeinandertreffen der beiden. Ob ich als Empathie-Kwien da etwas rauslesen werde? Muss ja. Zumindest in meiner Welt.

Die Party ist schon in vollem Gange, als Thorsten zur Tür hereinkommt. Die beiden begrüßen sich mit dem Maximalen an Gefühlen, das für zwei Westfalen möglich ist. Sie schlagen kumpelmäßig ein, drücken sich für 2,4 Sekunden und klopfen sich vertrauensvoll auf die Schulter.

»Herzlichen Glückwunsch, altes Haus!«, begrüßt Thorsten meinen Mann verbal. »Ist das schön, dich zu sehen! Haben wir viel zu lange nicht. Bei meiner Feier warst du ja leider nicht. Keine Zeit gehabt?«

»Komm erst mal rein. Du, ich wusste gar nicht, dass du feierst.«

»Ach, du kennst mich doch. Wer kommt, der kommt. Ich lade ja nie ein. Aber abends standen wie immer ein paar Leute vor der Tür.«

Punkt. Damit war das Thema durch, und wir verbrachten alle zusammen einen wundervollen Abend.

Springen wir noch mal zurück zu unserer eigenen Situation: Wenn wir es nicht über uns bringen, Tina anzurufen, um das vermeintliche Missverständnis aus der Welt zu schaffen, wie viel Zeit verwenden wir dann darauf, in unseren Gedanken auf dem Thema herumzureiten? Wochen, Monate, gar Jahre? Vielleicht:

- versuchen wir, über gemeinsame Freunde etwas herauszubekommen
- schreiben ihr zum Geburtstag eine WhatsApp oder Karte
- spielen wieder und wieder die Szenen unseres letzten Treffens mit Tina durch

- suchen verzweifelt den Fehler
- garantiert sogar sind wir schwer traurig
- fühlen uns alleingelassen, von allen verraten und schlecht.

Ich garantiere Ihnen, dass mein Mann all das *nicht* gefühlt oder gedacht oder getan hat. Mit seinem »Nee, das hätte er mir gesagt« war er raus. Und zwar wirklich. Die Nicht-Einladung von Thorsten hat ihn keine grauen Haare und keine vergeudete Lebenszeit gekostet.

Mädels, da können wir uns doch eine Scheibe von abschneiden!

Und zwar von beiden Seiten. Von der rechten Backe eine saftige Scheibe, damit wir zukünftig direkt und ehrlich nachfragen, wenn wir das Gefühl haben, jemandem auf die Füße getreten zu sein. Von der linken Backe, damit wir genauso offen sind, wenn jemand *uns* auf die Füße getreten ist. Nicht zickig oder barsch, sondern nett und freundlich, gerne unter vier Augen.

Und vielleicht – und meiner Erfahrung nach ist es meistens so –, ja vielleicht liegt einfach nur ein Missverständnis vor. Hätten wir Tina direkt angerufen, hätte sie womöglich gesagt:

»O Gott, nein, Liebes, wie kommst du denn darauf? Sag bloß, ich hab ausgerechnet dich in der WhatsApp-Gruppe zu meinem Geburtstag vergessen! Wie blöd bin ich denn?«

Eine Bemerkung am Rande: Ich will nicht wissen, wie viele Freundschaften allein an WhatsApp zugrunde gegangen sind. Ich finde, Emojis gehören für den Friedensnobelpreis nominiert. Ihnen ist es immerhin zu verdanken, dass man ein Stück weit die Tonalität mitgeben kann, die das geschriebene Wort tatsächlich haben soll.

Oder aber:

»O Gott, nein, Liebes, wie kommst du denn darauf? Habt ihr meine Einladung nicht bekommen?« Und du guckst hinter die Kommode und entdeckst, verkeilt zwischen Spinnweben und Wollmäusen, eine Postkarte, die da so nicht hingehört.

Im schlimmsten Fall hätte Tina gesagt:

»Ach, Liebes, wie schön, dass du anrufst. Ich habe mich echt nicht getraut, weil ich dir doch 1989 auf die Füße getreten bin. Und dann hatte ich das Gefühl, dass du letztes Mal, als wir uns gesehen hatten … Und da war dann auf einmal so eine komische Stimmung zwischen uns. Fandst du nicht auch? Bla, bla, bla …« Und wir beide hätten eine Runde mit Tränen in den Augen gelacht, und der Drops wäre gelutscht gewesen.

Fakt ist: Nur sprechenden Menschen kann geholfen werden, und zwar: *mit*einander und nicht *über*einander sprechenden Menschen!

Und wenn mein Gegenüber den Weg für sich gefunden hat, muss ich diesen nicht hinterfragen. Weder bei meinem Mann noch bei meinen Kindern oder Freunden, geschweige denn bei mir fremden Menschen. Jeder darf einfach so sein, wie er möchte, ohne dass ich *meine* Maßstäbe zugrunde lege. Wir täten also gut daran, es den Männern nachzumachen, nicht alles so verdammt persönlich zu nehmen.

Überlebensstrategie:

• Ich akzeptiere, dass jeder seinen Weg geht, ohne mich um Erlaubnis zu fragen.

Differenzierte Maßstäbe

Ein Beispiel: Wenn ich zum Essen eingeladen werde, bringe ich ein Gastgeschenk mit. Hatte ich genug Zeit, ist es ein persönliches, individuelles Geschenk, bei einer spontanen Einladung im Zweifel ein Strauß Blumen.
Warum tue ich das? Hätten Sie mich ad hoc gefragt, hätte ich geantwortet:
»Um der Gastgeberin eine Freude zu machen.« Punkt. Und das entspricht der Wahrheit.
Aber! Oft steckt dahinter der Maßstab »Das macht man so«. Soll heißen, wenn ich jemanden zu mir einlade, freue auch ich mich über eine kleine Aufmerksamkeit. Bis vor ein paar Jahren hätte ich vermutlich über einen Gast ohne Mitbringsel im Nachhinein zu einer Freundin gesagt:
»Also, ein Blümchen hätte es schon sein dürfen.«

Zweites Beispiel: Ich war von Anfang an eine berufstätige Mama, also musste mein Mann plötzlich von Tag eins zu Hause dieselben Aufgaben übernehmen wie ich. Natürlich habe ich meine (wie mir später bewusst wurde) völlig übertriebenen Maßstäbe auch für ihn angesetzt. Weil ich blöde Nuss der Meinung war, dass auch mit einem Baby das Haus immer blitzblank, die Fenster immer geputzt, kurzum: alles tipptopp sein muss.
Mein Mann hingegen hatte »nur« den Anspruch, dass alles nach unserem Sohn gehen sollte. Damit war er jedoch voll und ganz ausgelastet. Demnach erwartete mich nach der Arbeit zu Hause ein Schlachtfeld.
Heute weiß ich, dass es die zu hohen Erwartungen und meine über meinen Mann gestülpten Maßstäbe waren, die die Situation für mich zum Problem haben werden lassen.

Die einzige Erwartung, die ich heute habe, wenn ich heimkomme, ist die, dass alle noch leben.

Und Sie glauben gar nicht, wie sehr ich mich freue, wenn das der Fall ist.

Drittes Beispiel: Gute Freunde hatten uns eingeladen zu ihrer Hochzeit. Ich gab mir große Mühe mit dem Geschenk. Habe ein Gedicht geschrieben, gebastelt, schön verpackt. War ich stolz auf dieses Geschenk! Und jeder, der an dem Gabentisch vorbeiging, kommentierte es auch richtig mit: »Wie schön ist das denn?!«

Das Brautpaar aber hat das Geschenk nicht gesondert erwähnt. Wir bekamen eine Dankeskarte wie jeder andere auch.

Wenn ich ganz ehrlich zu mir und zu Ihnen bin: Ich war enttäuscht.

Fragen wir uns, warum?

Mit Sicherheit haben sich unsere Freunde über das besondere Geschenk gefreut. *Ich* in ihrem Fall hätte meine Freude darüber in irgendeiner Form ausgedrückt. Aber das ist MEIN Maßstab! Wer bin ich aber, dass ich diesen für andere ansetze?

Wenn ich schenke, und ich schenke gern, dann sollte das an keine Erwartungshaltung geknüpft sein.

Meinem Mann würde so etwas nicht passieren. Das hängt schon damit zusammen, dass Besondere-Geschenke-Machen gar nicht zu seinem Repertoire gehört. Wäre es nach ihm gegangen, hätten unsere Freunde zur Hochzeit ein paar Blumen von der Tankstelle bekommen. Andersrum würde er auch niemals blöd gucken, wenn ein Kumpel ihm zum Geburtstag nur ein Sixpack schenkt. Seine Maßstäbe setzt er ausschließlich bei sich an. Er wiegt nicht auf. Das durfte ich über die vielen Jahre von ihm lernen und bin ihm dafür sehr dankbar.

Aus allen drei Beispielen lässt sich herauslesen: Vielleicht haben wir Ladys grundsätzlich zu hohe Erwartungen. An uns selbst. An andere. An alles. Vielleicht wäre es besser, sie zu senken …?

Mache ich noch

Die erste große Liebe ist doch etwas Wundervolles. Stunden verbrachte ich auf meinem Bett damit, zu lauter Musik an meinen Schwarm zu denken, während ich Löcher in die Luft starrte. Ich fürchte, das ist etwas, was der heutigen Generation gänzlich verloren scheint: das immens wichtige Löcher-in-die-Luft-Starren. Heute starren natürlich alle auf ihr Smartphone.

Neulich in einem Café beobachtete ich einen jungen Mann um die 18 Jahre, der völlig in sich versunken auf einer Bank saß und sein Gesicht tatsächlich einfach in die Sonne hielt. Dieses Bild war so friedlich und strahlte so viel Ruhe aus, dass es mich inspirierte. Wenn ich in Ruhe bin, fangen meine Gedanken automatisch nach einer Weile an, sich neu zu formen, sie verknüpfen dieses mit jenem, probieren dies und das aus und führen mich am Ende nicht selten zu ganz ungeahnten und neuen Ideen und Vorhaben. Wenn ich sogar Langeweile habe, können sie sich auf Inspiration à la Staudinger erster Güte gefasst machen.

Ich kann eigentlich nur im Schaukeln schreiben. Aber ich schweife ab …

Zurück in mein Jugendzimmer im Jahr … – ach, wann mag das gewesen sein? – Ende der 1990er-Jahre. Ich war verliebt. In einen jungen Mann namens Kai, kennengelernt auf der Party meiner Freundin Caroline. Und Kai, dessen war ich mir sicher, war auch in mich verliebt. Ich dachte ununterbrochen an ihn und verbrachte meine Freizeit damit, auf seinen Anruf zu warten. Wohl bemerkt: Damals saß man noch wie auf heißen Kohlen neben dem Festnetztelefon. Die Älteren unter Ihnen werden sich noch erinnern: ein großes Gerät mit unpraktischem Kabel dran. Das ließ sich nicht so einfach mitnehmen. Sprich, man konnte das Zimmer nicht verlassen. Denn in diesen wichtigen Sekunden hätte Kai anrufen können.

Hat er aber nicht.

In den Schlaf geweint habe ich mich. Zu guter Musik natürlich. Vorzugsweise *Reality* von Richard Sanderson aus dem Film *La Boum*.

Als Kai zwei Tage später anrief, ich saß noch immer neben dem Telefon, schwang in seiner Stimme nicht die Spur eines schlechten Gewissens mit. Stattdessen fragte er komische Sachen wie: »Na, was hast du so gemacht?«

Na, was wohl, du Idiot?!? Neben dem Telefon gesessen und auf deinen Scheiß-Anruf gewartet!, dachte ich.

Gesagt habe ich: »Ach, du, dies und das. Ich war halt viel unterwegs.«

Und Kai war nicht der Einzige. Schon in der Grundschule habe ich Bildchen gemalt, Briefchen geschrieben und mir sonst was ausgerissen, um Beachtung von meinem jeweils aktuellen Herzbuben zu finden. Manchmal kam ein Briefchen zurück, aber das war nicht liebevoll mit Herzchen verziert. Ich hatte nur auf die berühmte Frage mit einem Kreuz zu antworten bei »Ja«, »Nein« oder »Vielleicht«.

Zweimal habe ich in meinem Leben einen seitenlangen Liebesbrief bekommen. »Na, also!«, werden Sie sagen. »Das hat doch bestimmt dein Herz erwärmt und dich versöhnt.« Ne! Das war mir dann zu viel der Gefühlsduselei. Ich machte prompt Schluss. Zweimal.

Aber zurück zum Thema. Ich vermute stark, dass ich öfter auf einen Anruf der Jungs gewartet habe als die auf einen von mir. Bis quasi gestern dachte ich immer: Das hat an mir gelegen. Ich war niemandem wichtig genug. Die waren immer in andere verknallt …

Was soll ich Ihnen sagen? Mein Max zeigt mir mit seinen elf Jahren jeden Tag aufs Neue: Blödsinn, es lag gar nicht an mir!

Es liegt an den Jungs, Mädels!

Max hat seit Jahren eine Freundin. Aus Datenschutzgründen werde ich hier nicht näher auf sie eingehen, aber es sei mir gestattet zu sagen: Ich bin so was von zufrieden mit seiner Wahl. Ein schlaues, cooles Mädchen. Bisschen der Typ Hermine Granger. Und die beiden verbindet etwas, was es eigentlich nur in Kitschromanen gibt: Sie sind befreundet *und* verliebt. Seit Tag eins in der Schule, sprich, seit fünf Jahren sind sie ein Paar. Ohne Witz.

Und da erlebe ich, wie sich dieses wundervolle Mädchen für Max ins Zeug legt. Da werden ganze Gemälde gemalt, verziert, mit Parfüm besprüht. Seit beide ein Handy haben – wir reden hier von Waldorfkindern, also erst seit Kurzem –, schickt sie Nachrichten mit Herzchen und Blümchen. Die zeigt mir Max manchmal. Und es ist nicht selten, dass ich lese:

»Wann rufst du an?«

Max freut sich über ihre Nachrichten. Aufrichtig.

»Max, das, was ihr beide da habt, ist etwas ganz Besonderes.«

»Weiß ich, Mama.«

»Hast du sie denn schon angerufen?«

»Nö.«

»Warum nicht?«

»Mache ich noch.«

»Wann denn?«

Es klingelt an der Tür. Sein Freund holt ihn ab. Schwupp, ist sein Mädchen vergessen. Sie bekommt keine Antwort. Und dabei weiß ich, dass Max sie ohne Ende »liebt«.

Sie können mir glauben, ich war schon mehr als einmal kurz davor, ihr im Namen meines Sohnes zu schreiben.

Als ihr Geburtstag anstand, hing ich an Max wie eine Klette: »Hast du dir Gedanken über ein Geschenk gemacht? Komm, wir fahren los und suchen was gaaaaaanz Tolles aus!«

»Jetzt nicht. Mache ich noch.«

»Max, es sind nur noch drei Tage!«

»Dann morgen, Mama. Bin jetzt draußen, tschööööööööö!«

Das Ende vom Lied: Ich habe etwas besorgt. Hat ihm gefallen. Ihr auch. Bei ihm nicht die Spur eines schlechten Gewissens. Na, Déjà-vu?

Erst jetzt, über zwanzig Jahre nach meinen zahlreichen Liebeskummer-Sitzstreik-vorm-Festnetz-Nachmittagen, erkenne ich, dass es *nicht* an mir lag.

Mädels, es sind die Kerle. Diese aus unserer Sicht unsensiblen Klötze.

Ich kann die Zeit nicht zurückdrehen, aber Sie haben es noch in der Hand! Warten Sie nicht auf Anrufe, die nicht kommen. Nicht auf Briefe, nur weil Sie gerne welche schreiben. Ganz im Gegenteil. Gehen Sie raus, genießen Sie das Leben, lassen Sie nix anbrennen. Denn vielleicht kommen die Männer dann von ganz allein.

Als sich Max' Freundin nämlich auf einer Party mal ein bisschen länger mit anderen Jungs unterhielt, hätten Sie meinen verwöhnten Baron sehen sollen. Ich habe im Stillen seiner Freundin applaudiert. Sie ist mir fünfundzwanzig Jahre voraus.

Es ist im Übrigen nicht unsere Lebensaufgabe, einem Jungen oder einem Mann zu gefallen! Aber wenn Sie einen netten Herrn gefunden haben und er verhält sich nicht so, wie Sie es gerne hätten, dann lautet meine Erfahrung: Es liegt an *ihm*. Und das ist nicht böse gemeint. Die Erkenntnis hilft dabei, nach vorne zu schauen und sich nicht ständig selbst zu hinterfragen.

Max' Zuneigung und die Art, wie er sie seiner Freundin zeigt, korrespondieren nicht. Zumindest nicht aus meiner Sicht. Aber Max macht es aus seiner Sicht natürlich richtig. Und ohne böse Absicht. Sonst würde er es anders machen.

Vor Kurzem war es mir tatsächlich vergönnt, meine neu gewonnene Erkenntnis bestätigt zu sehen: Ich treffe einen alten Klassenkameraden, den ich immer toll fand. Ganz toll sogar. Er aber hat mich am langen Arm verhungern lassen. Dachte ich zumindest. Gut zwanzig Jahre später er zu mir: »Ich war über Jahre in dich verliebt, aber du warst immer so cool zu mir.«

Oooooooooooooooh, Jungs! Echt jetzt?!

Oder sollte ich lieber stöhnen: Oooooooooooooh, Mädels! Nicht euer Ernst?!

Das ist wohl die Krux der unterschiedlichen Gefühlswelten.

Überlebensstrategie:

- Um es kurz zu machen: davon ausgehen, dass es im Zweifel an ihm liegt.

Wir brauchen einen Krankenwagen – oder die Frage: Was kann ich ändern und was nicht?

Silke will heute um eine Gehaltserhöhung bitten. Sie hat sich auf das Gespräch mit ihrem Chef bestens vorbereitet, aber sie ist aufgeregt. Er ist ein schmieriger Typ, der sich mehr als einmal ihr und anderen Frauen im Unternehmen gegenüber sexistisch geäußert hat. Darum hat sie das Gespräch auch hinausgezögert. Jetzt ist sie bereit.

Mit festem Blick und einer aufrechten Körperhaltung sitzt sie ihrem Chef gegenüber und trägt ihre Argumente überzeugend vor.

Der Chef sitzt mit weit auseinandergestellten Beinen, die Arme verschränkt, den Rücken angelehnt, vor ihr und lächelt sie die ganze Zeit an. Lauernd, findet Silke.

»… und darum stelle ich mir vierhundertfünfzig Euro brutto mehr vor, gerne ab nächstem Monat«, beendet Silke ihr Plädoyer.

»Ich war so stolz auf mich, das Gespräch stand mir lange bevor«, erzählt sie mir später.

»Wie hat er reagiert?«

»Er hat sich nach vorne gelehnt, eine lange Pause gemacht und dann gesagt: ›Für diese Summe müssten Sie eigentlich *unter* dem Schreibtisch tätig werden.‹«

»Silke, sag, dass das nicht wahr ist!«

»Genauso hat er es gesagt. Ich habe es erst gar nicht kapiert. Ich dachte: ›Unter dem Schreibtisch? Was soll ich denn da machen?‹«

»Das wäre doch *die* Antwort gewesen! Hättest du dich einfach ein bisschen blöd gestellt. Und was hast du dann gemacht?«

»Erst mal gar nichts. Ich muss ziemlich verwirrt geguckt haben, bis bei mir der Groschen fiel. Dann habe ich krampfhaft versucht, es zu überspielen. Und als er meine Nervosität bemerkte, sagte mein Chef auch noch: ›Nun werden Sie nicht gleich rot, das war ja nur ein Witz. Ich kann Ihnen die Hälfte anbieten.‹«

»Und du?«

»›Ja, danke.‹ Und dann bin ich aufgestanden und gegangen.«

»Und es ist nie mehr thematisiert worden?«

»Nein. Und du bist die Erste, der ich das erzähle. Den Monat später hatte ich noch nicht mehr Geld auf dem Konto. Aber aus Angst vor noch so einem Spruch habe ich mich nicht getraut, meinen Chef darauf anzusprechen.«

Dieses Beispiel zeigt uns mehrere Probleme auf. Wir haben es mit einem unverschämten Chef, einer unsicheren Silke, mit Gehalt und Sexismus zu tun. Wir sortieren nach »Kann ich ändern« und »Kann ich nicht ändern«.

1. Der Chef – über den müssen wir nicht reden. Bekommen wir den geändert? Nein! Aber wir bekommen ihn aus unserem Leben. Ein Chef ist nicht gottgegeben. Das kann Silke ändern. Von jetzt auf gleich, wenn sie es will.

2. Die unsichere Silke – kann nur die unsichere Silke ändern. Und sie ist auf dem Weg dahin. Das Ändern der

eigenen Persönlichkeitsmerkmale aber ist ein Prozess. Seien Sie nicht so streng mit sich. Allein *dass* Silke das Gespräch mit ihrem Chef geführt hat, ist ein Schritt in die richtige Richtung. Dass sie mir von dem Vorfall erzählt hat, ein zweiter.

3. Gehalt – können Sie ändern! Denn: Es gehören immer zwei dazu: einer, der schlecht bezahlt, und die andere, die sich schlecht bezahlen lässt. Versuchen Sie gar nicht erst, mir etwas anderes weiszumachen.

4. Sexismus – gibt es. Leider! Die sexistische Äußerung des Chefs bekommen wir ad hoc nicht geändert. Die ist gesagt. Was wir aktuell einzig in der Hand haben, sind unsere Haltung und unsere Reaktion darauf.

Ich persönlich finde den Ansatz, den Silke rein intuitiv aufbrachte, nämlich die Gegenfrage zu stellen: »Was soll ich denn unter dem Schreibtisch?«, großartig und sehr schlagfertig. Die Technik des »Den-offensichtlichen-Sexismus-Überhörens« ist eine der einfachsten und zugleich wirkungsvollsten.
Silke ließ sich nur leider so verunsichern, dass sie sogar mit weniger Gehalt aus der Sache rausging.

Spulen wir noch mal zurück:
Chef: »Für die Summe müssten Sie eigentlich *unter* dem Schreibtisch tätig werden.«
Silke, ganz souverän, denn überraschend kommt das nicht, sie kennt ja ihren Chef: »Was genau soll ich da?«
Der Tonfall und der feste Blickkontakt sind entscheidend.
Sollte der Chef noch nicht entwaffnet sein, sagt er womöglich:
»Na, ein bisschen mehr Kompetenz hätte ich Ihnen auf dem Gebiet schon zugetraut«, und schnalzt mit der Zunge.

Dann Silke: »Die Kompetenz, für die ich mehr Gehalt einfordere, verbietet mir die Arbeit unterhalb des Schreibtisches.«

Oder:

»Die Kompetenz, für die ich mehr Gehalt einfordere, erlaubt es mir, ab heute auf die Suche nach einem neuen Chef zu gehen. Tschö!«

Der zweite Satz wäre dann endgültig. Aber mit dem richtigen Selbstbewusstsein müssen Sie sich doch die Frage stellen, ob Sie für so einen Chef überhaupt arbeiten wollen.

Silke kann das eigentliche Thema auch ungeniert offenlegen: »Wenn ich es nicht besser wüsste, würde ich glatt sagen, das war eine sexistische Bemerkung. Da will ich meine Kolleginnen mal fragen, wie die darüber denken.«

Und das dann auch wirklich tun. Gehen Sie zu Ihren Kolleginnen. Reden Sie darüber, was Ihnen widerfahren ist. Und dann, Ladys: Lasst uns zusammenhalten!

Und jetzt schließt sich der Kreis, liebe Damen: Seien Sie loyal und solidarisch, denn nur so bekommen wir solche Kerle ausgerottet. Wenn wir Frauen das Gefühl haben, dass wir nur so hart fallen können, wie wir es gegenseitig zulassen, dann trauen wir uns auch, mutig über uns hinauszuwachsen.

Ich weiß, das klingt jetzt ein bisschen sehr nach Hollywood. Aber stellen Sie sich vor, Silke geht hoch erhobenen Hauptes aus dem Büro, erzählt es ihren vier Kolleginnen, und alle vier stehen auf und verlassen mit Silke zusammen das Gebäude. Stellen Sie es sich nur einmal vor!

Was Silke nicht hilft:

Wenn die Kollegin fragt, ob sie vielleicht falsche Signale ausgesendet habe.

Der Satz: »Zu mir ist der immer ganz nett.«

Übrigens, allzu geläufige und erniedrigende Selbstansprachen wie »Ich dumme Nuss« helfen auch nicht, meine Damen. Das mag in dem Fall als Kleinigkeit erscheinen, ist es aber nicht. Wie wir mit uns und über uns selbst reden, ist Sprache. Und Sprache bildet unsere Gesellschaft.

Sie erinnern sich vielleicht an die Debatte, losgetreten von einer Frau, die von ihrer Bank verlangte, die Formulare umzuschreiben. Sie sei eben kein »Kunde«, sondern eine »Kundin«. Was ist dieser Fall von der Presse breitgetreten worden! So lange, bis wieder alle dachten: *Ich kann es nicht mehr hören!*

Nur wenige Medien haben sich die Mühe gemacht, mit der Frau zu sprechen. Die meisten berichteten *über* sie. Und diese Mehrheit war sich einig: Das ist so was von lächerlich! Als hätte das Land keine anderen Sorgen …

Übrigens inklusive mir: *Das ist doch wirklich nicht kriegsentscheidend, ob da nun ›Kunde‹ oder ›Kundin‹ steht,* dachte ich.

Wie gut, dass der Kopf rund ist, da kann er beim Denken die Richtung ändern. Denn das tat ich, als ich ein Interview *mit* Marlies Krämer und nicht *über* Marlies Krämer im WDR auf *Frau tv* sah.

Wie recht sie doch hatte! Die 80-jährige, intelligente Frau hatte so was von recht. Sie argumentierte klar und schlüssig. Davor hatte ich nur über sie als »80-jährige Rentnerin klagt …« gelesen oder in so reißerischen Zusammenhängen wie: »Genderwahnsinn« und »Frau will kein Kunde sein«. Vor meinem inneren Auge drangsalierte eine gelangweilte Rentnerin ihre Umwelt.

Wie falsch ich gelegen hatte.

Schauen Sie sich den Bericht in der Mediathek an und urteilen Sie selbst.

Marlies Krämer ist es übrigens auch maßgeblich zu verdanken, dass die Hochs und Tiefs in der Wettersprache heute gleichberechtigt behandelt werden. Bis vor nicht allzu langer Zeit hörten sämtliche Tiefs nur auf Frauennamen. Mit der Begründung, dass »Frauen gerne für Unruhe sorgen«.

Die Klage gegen die Sparkasse wurde übrigens abgewiesen, und spätestens die Begründung sollte uns aufhorchen lassen: Das »genetische Maskulin« sei geschlechtsneutral und werde seit zweitausend Jahren so verwendet. Es handele sich »insoweit um nichts weiter als die historisch gewachsene Übereinkunft über die Regeln der Kommunikation«, zitierte der *Tagesspiegel* am 10. Juni 2018 das Landgericht Saarbrücken.

Aber dann wird es doch höchste Zeit, das zu ändern!

Und Marlies Krämer sagt: Es sei eben nicht neutral, es sei doch maskulin.

Wenn wir in der Sprache nicht stattfinden, finden wir nirgends statt.

Wissen Sie, was mich an dieser Debatte wirklich maßgeblich gestört hat? Ich mich selbst. Ich habe mich von der Berichterstattung einwickeln lassen. Habe mich nicht selbst umgehend informiert, sondern meine Meinung fremd von Medien, sozialen Medien, vom Hörensagen bilden lassen.

Nun bin ich doch – ganz untypisch für mich – abgeschweift. Denn warum das Kapitel so heißt, wie es heißt, darauf sind wir noch gar nicht eingegangen.

Die Kwien steht mit dem Wochenendeinkauf für unseren Hof an der Supermarktkasse. Sprich: Der Wagen ist voll. Es kommt nicht oft vor, dass ich die bin, die einkaufen geht. Nicht nur aus Zeit-, auch aus Lustgründen. Ich hasse es. Da muss ich schon ganz viel Zeit und Lust haben und vor allem muss ich satt sein, sonst … Wir schweeeeeifen ab!

Ich lade die Sachen also auf das Band. Vor mir ein älterer Herr, der mich sehr genau beäugt. Mit »älter« meine ich wirklich alt, bestimmt über achtzig. Und mit »beäugen« meine ich »abchecken«. Ganz ehrlich, das finde ich mies.

Nicht, dass ich es bei jüngeren Männern tolerieren würde, aber bei einem sooo viel älteren Mann empfinde ich es als noch anmaßender.

Ich ignoriere sein ungehöriges Verhalten.

Die Kassiererin rechnet ihn ab: »Das macht 34 Euro und 94 Cent.«

Er gibt 35 Euro.

Die Kassiererin: »Dann bekommen Sie sechs Cent zurück.«

Er guckt mich an und sagt: »Ui, und *sechs* ist ja immer gut, nicht wahr?!« Dabei leckt er sich mit seiner Zunge »verführerisch« über die Zähne.

Wegen spontaner Übelkeit kann ich nicht antworten. Muss ich auch nicht, denn das übernimmt die Kassiererin:

»Junge Frau«, fragt sie mich, »haben Sie ein Handy dabei?«

»Ja«, antworte ich geistesabwesend, noch immer gegen die Übelkeit ankämpfend.

»Super! Dann können Sie den RTW rufen. Ich fürchte, wir brauchen einen Krankenwagen. Der Herr hat Gesichtszuckungen. Das ist bestimmt ein Schlaganfall.«

Mann voran!

Ungehobelte Zuckungen wie eben beschrieben sind natürlich die Ausnahme. Im besten Fall begegnet man ihnen nie. Und man kann sogar selbst dafür sorgen. In der eigenen Erziehung. Wenn alles glattläuft, fruchtet die. Zumindest ein bisschen. Manchmal. Sonntags oder so.

Meine Jungs wachsen in einem emanzipierten Zuhause auf. Sie kennen mich von Anfang an arbeitend. Sie sind daran gewöhnt, dass Mama auch mal eine ganze Woche weg ist, und sie wissen, dass mein Mann und ich gleichermaßen für den Lebensunterhalt aufkommen. Für sie und uns alle ist es vollkommen normal, dass mein Mann die Wäsche macht und ich nach dem Ölstand im Auto schaue. Da will man doch meinen, dass sich gewisse männliche Attitüden gar nicht erst einstellen. Tja …

Die Jungs und ich spielen »Mensch ärgere Dich nicht«.

Wer sich diesen Namen ausgedacht hat, der hatte keine Ahnung, wie meine Kinder es spielen. Meist endet die Partie, weil das Spielbrett samt allen Figuren und Würfeln durchs Zimmer fliegt und mindestens einer ausziehen will. Am besten nach Kanada. Das ist wieder so ein Erwartung-Realität-Ding.

Das verhält sich ähnlich wie in der Werbung von Toffifee. Wenn da die tiefenentspannte Mutter die volle Packung auf den blitzsauberen Tisch stellt und die entzückende Familie, einer nach dem anderen, genussvoll und geduldig in die Packung greift. Dazu ertönt: »Es steckt viel Spaß in Toffifee. Viel Spaß in Toffifee!«

Sieht bei uns anders aus.

»Maaaaamaaaaaaa! Kannst du Toffifee mit hochbringen?«

»Na klar!«

Die eingeschweißte Packung wird mir von meist dreckigen Kinderfingern aus den Händen gerissen. Die Folie öffnen sie nicht an dem extra dafür vorgesehenen Aufreißfaden, sondern zerren so lange gewaltsam an ihr, dass, wenn sie dann endlich aufreißt, mindestens vier Toffifee auf den Boden fallen, wovon drei der Hund frisst. Um den Rest wird sich unter kriegsähnlichen Zuständen gestritten. Oder aber Max, wenn er schnell genug ist, leckt über alle einmal quer mit der Zunge drüber.

Diese alles entscheidende Strategie hat er im jahrelangen Süßigkeitenwettkampf für sich entdeckt.

Und, anders als in der Werbung, in der die Familie kuschelnd zusammen auf dem Sofa liegt und die Süßigkeit gemeinsam genießt, spricht hier nach dem Verzehr keiner mit irgendjemandem. Und wieder einmal will mindestens ein Kind ausziehen. Gerne nach Russland.

Aber wir schweifen ab.

Zurück zu unserer Spielerunde.

»Wer fängt an?«, will Max wissen.

»Na ja, zwei Jungs, ein Mädel. Ich würde sagen *Ladys first* oder?«, versuche ich es zumindest.

»Sehr lustig, Mama! Wir sind hier nicht in England, sondern in Deutschland. Hier heißt das: Mann voran!«

Gibt es noch Fragen, warum ich ein Buch über Schlagfertigkeit in Bezug auf Männer schreibe?

Dein Freund und Helfer

Frau Staudinger als Rednerin bei der Polizei.

Ich muss dazu sagen: Auftritte bei der Polizei oder bei der Bundeswehr (nur für die Frauen) sind mir eine Ehre! Diese Frauen leisten für uns sozusagen Arbeit an der »Basis«, wie ich es nenne. Sie sorgen dafür, dass der Großteil von uns Bürgern einigermaßen in Ruhe und Frieden leben kann. Und dass ich ihnen dafür einen Vormittag Unterhaltung schenken darf, empfinde ich als ein besonderes Privileg.

Und auch, wie schnell man ins Gespräch kommt und Einblicke erfährt in einen Berufsalltag, von dem man gar keine Ahnung hat. Und, glauben Sie mir, allein die Geschichten, die ich hier zu hören bekomme, würden ein weiteres Buch füllen. Schreibe ich aber nicht, weil: indiskret.

Auch auf die Gefahr hin, dass ich wieder abschweife: Mir liegt auf der Seele, wie die Menschen, die unsere »Basis« sichern, ausgestattet sind. Mag sein, dass es mir nicht zusteht, das zu kritisieren, dass ich zu wenig Hintergrundwissen habe und mir fundierte Informationen fehlen. Mag alles sein. Und dennoch muss ich es loswerden.

Wenn ich sehe, wie die Polizei oder andere öffentlichen Behörden ausgestattet sind, wird mir schlecht. Abgesehen von den obersten Plüschetagen, die aber nicht an der Basis, sondern am Schreibtisch sitzen, ist der/die »normale« Polizeibeamte/in auf dem Stand der 70er-Jahre. Das fängt bei der Kaffeemaschine an und hört bei der Büroausstattung auf.

Guter Kaffee ist vielleicht nicht kriegsentscheidend für den Berufszweig, aber es hat etwas mit Wertschätzung zu tun. Denn diese Frauen und Männer riskieren täglich ihr Leben für »uns«. Wenn ich mich ab und an frage, wo unsere Steuergelder hinfließen, weiß ich jetzt zumindest eine Antwort: nicht hierhin!

In die zahlreichen Krankenhäuser und Pflegeinstitutionen, die ich sehen durfte, übrigens auch nicht. Ebenso wenig wie in Kitas oder Schulen …

Zurück zum Thema. Ich halte also einen Vortrag bei der Polizei und habe diverse Trainermaterialien im Kofferraum. Mit meiner Auftraggeberin habe ich besprochen, dass ich, um auszuladen, kurz vor dem Präsidium halten darf. Ich parke also und werde von den dort sitzenden Beamten (einem Mann und einer Frau) skeptisch beobachtet. Nur ausgewählte Fahrzeuge dürfen hier stehen.

»Guten Morgen! Staudinger mein Name, ich halte heute einen Vortrag und wollte nur schnell das Auto ausladen.«

Die Beamtin, um die fünfzig, lächelt sofort:

»Ach ja, natürlich! Man hat uns Bescheid gegeben. Aber Sie können aus Sicherheitsgründen hier leider wirklich nur ganz kurz stehen.«

Der Kollege neben ihr ist um die 25 Jahre, auf den ersten Blick sportlich, athletisch, so, wie man sich einen jungen Polizisten eben vorstellt.

»Ich weiß. Es sind aber doch recht viele Utensilien, die noch dazu schwer sind. Ich beeile mich aber natürlich.«

Und dann füge ich im charmantesten Tonfall, der mir möglich ist, mit Blick auf den jungen Mann, hinzu:

»Oder sehe ich hier vielleicht einen jungen, starken Mann, der mir gaaanz kurz helfen will?«

Mangelnde Schlagfertigkeit oder eine langsame Reaktion

kann man dem Beamten nicht unterstellen, denn seine Antwort kommt wie aus der Pistole geschossen:

»Nein. Sehen Sie nicht.«

Ende.

Kein: »Haha, war nur ein Spaß, klar helfe ich Ihnen.«

Nein.

Das war tatsächlich seine Antwort.

Ich überlege immer noch, welche Rückschlüsse ich daraus ziehen soll.

Ist es, dass meine Zeit als junge, attraktive Frau endgültig vorbei ist?

Bin ich raus aus dem Charming-Flirt-Geschäft?

Oder ist schlicht die Zeit der Hilfsbereitschaft vorüber?

Sagen *Sie* es mir!

Die Kollegin bekam Schnappatmung, und ihre Mimik konnte sich nicht entscheiden zwischen Fremdschämen und Fassungslosigkeit. Interessierte den jungen Mann nicht. Dieser schenkte sich gemütlich Kaffee nach und ließ mich die Kisten allein schleppen.

Überlebensstrategie:

- Härteres Oberarmtraining, damit ich schwere Kisten leichter allein tragen kann.

Beruhigende Gelassenheit

Bis zum Sommer 2018 war ich davon überzeugt, dass ich den schlimmsten Seelenschmerz in meinem Leben hinter mir hatte. Ich dachte, mich kann so schnell nichts mehr schockieren. Das musste ich revidieren.

Mit dem Tag nämlich, an dem mein kleiner Sohn rückwärts vom Dreimeterbrett gefallen und ungebremst mit dem Kopf auf dem Boden aufgeschlagen ist. Noch heute habe ich das Bild vor Augen und bekomme Gänsehaut. Und ich bin mir sicher, dass ein Großteil von Ihnen empathische Übelkeit verspürt.

Ich stand noch halb angezogen im Freibad auf der Wiese und winkte meinen Kindern zu, die schon freudig zum Springerbecken vorausliefen. Es war dieser Megasommer, und wir waren fast täglich in dem wunderschönen Freibad hier bei uns in der Eifel. Ich sah den Sturz aus der Ferne, und während ich lief, hörte ich wirklich den Kopf aufschlagen. Ich weiß nicht mehr, was ich in dem Moment gedacht habe, bis heute höre ich mich nur nach einem Krankenwagen schreien. Max kniete schon neben seinem Bruder. Constantin war bei Bewusstsein, aber ich traute mich nicht, ihn zu bewegen oder hochzunehmen. Es waren die schlimmsten Minuten meines Lebens, das können Sie mir glauben.

Der routinierte Notarzt und die Rettungssanitäter, die binnen kürzester Zeit neben mir auftauchten, strahlten unmittelbar eine solche Ruhe und Professionalität aus, dass ich zu mir kam und mir klar wurde, dass eine hysterische Mutter meinem Kleinen nicht helfen würde.

»Meiner Erfahrung nach hat Ihr Sohn keine schlimmen Verletzungen davongetragen. Es sind zig Millionen Schutzengel mitgeflogen. Aber wir nehmen ihn natürlich mit ins Krankenhaus, damit dort ein MRT gemacht werden kann.«

Ich wollte dem Arzt so gerne glauben … Ich muss Ihnen wohl nicht erklären, was in meinem Kopf vorging.

Wir kamen auf die Intensivstation, man kümmerte sich augenblicklich um Constantin, und er war die ganze Zeit über ansprechbar.

Zwei Nächte verbrachten wir zwei auf der Intensivstation der Kinderabteilung im Krankenhaus.

Als mein Kleiner in diese »Parallelwelt« eintrat, wurden all meine Erinnerungen wach …

Ich habe das große Privileg, die ganzen Sommerferien mit meinen Kindern verbringen zu können. Vielleicht hat dieses Vergnügen auch die eine oder andere von Ihnen. Zumindest ein paar Wochen lang.

Wir konnten also auch den Sommer 2018 bis zu unserem einschneidenden Erlebnis in seiner ganzen Pracht genießen. Waren von morgens bis abends draußen und lebten völlig sorgenfrei.

Nicht eine Sekunde habe ich in dieser Zeit an all die fleißigen Hände gedacht, die – während ich auf der Wiese lag oder im Schwimmbad schwamm – tagein, tagaus kranke Kinder auf der Intensivstation versorgen.

Oder im Krankenwagen durch die Gegend fahren. Oder Frauen vom Brustkrebs heilen. Das ist wieder diese Arbeit an der »Basis«, die ich meine. Da kümmern sich Menschen jeden Tag um unser Wohlergehen.

Wir müssen das nicht ständig auf dem Schirm haben. Geht

auch gar nicht. Weil jeder mit sich selbst beschäftigt ist und wir dem Leben gegenüber verpflichtet sind, sorgenfreie Zeiten als solche zu erkennen, anzunehmen und zu genießen. Das ist meine Überzeugung.

Ich aber war in meinem Leben schon einmal in den »Genuss« gekommen, in der Parallelwelt »Krankenhaus« aufgenommen und von dort geheilt wieder entlassen zu werden. Die Arbeit für die Menschen vor Ort aber geht immer weiter.

Und jetzt lag also mein Jüngster hier neben mir, in ebendieser immer existierenden Parallelwelt. Und die unglaublich fähigen Krankenschwestern, die um uns herumwuselten, die lagen nicht im Schwimmbad in der Sonne, sondern waren hier bei uns und nahmen ihren Job ernst und machten ihn so gut, dass ich überzeugt war: *Hier sind wir in guten Händen.*

Ich verliere schon wieder den Faden …

Aber wenn wir über Schlagfertigkeit reden, dann müssen wir ein bisschen weiter ausholen. Sie hat maßgeblich etwas mit dem Selbstbild zu tun. Mit dem Bild also, das wir von uns selbst haben.

Aus meiner Sicht waren die Krankenschwestern Superheldinnen. Sie selbst jedoch erkennen das nicht.

»Ich kann Ihnen gar nicht sagen, wie dankbar ich Ihnen bin!« Schwester Angelika lief rot an und winkte ab.

»Ach, das ist doch mein Job.«

»Ja, natürlich. Aber wie Sie den ausüben, liegt doch an *Ihnen*. Und Sie könnten auch anders mit uns umgehen. Dank Ihnen kann mein Kleiner schon wieder lachen.«

Das gesamte Team gab sich die größte Mühe, Constantin abzulenken. Davon nämlich, dass er die erste Nacht völlig bewegungslos in einem Halskorsett an eine Million Schläuche angeschlossen daliegen musste. So lange, bis das Ergebnis des MRT Entwarnung geben würde. Er bekam Kanülen bunt beklebt, Handschuhe bemalt, und Gummibärchen waren auch am Start.

Auf der Station herrschte das reinste Gewusel. Es waren gar nicht so viele Schwestern, aber eine Menge Kinder. Und die Damen liefen sich die Füße wund. Draußen waren 35 Grad im Schatten – hier drin drehte sich alles um Kinder, die manchmal um ihr Leben kämpften.

»Wie alt sind denn die Kinder, die hier liegen?«

»Von Frühgeburten ab der 25. Schwangerschaftswoche bis zum 18. Lebensjahr.«

»Wahnsinn! Da müssen Sie aber ganz schön viel können. So eine große Bandbreite deckt doch keine andere Station ab, oder?«

Schwester Angelika blieb wie angewurzelt stehen.

»Ich arbeite jetzt seit fast dreißig Jahren in meinem Beruf. Soll ich Ihnen sagen, dass ich das noch von keinem gehört habe, dessen Kinder hier liegen? Und es stimmt. Wir müssen viel können und wissen. Und die Verantwortung ist groß. Wissen Sie, ich will mich nicht beklagen, aber manchmal irritiert mich der angeschlagene Tonfall der Eltern.«

Mir war augenblicklich klar, auf welchen Ton sie anspielte. Ich hatte ja Ohren am Kopf.

Natürlich, Eltern, deren Kinder auf der Intensivstation liegen, befinden sich im Ausnahmezustand. Ich gehörte ja dazu. Aber das, was ich an Beschimpfungen und Wutreden gegenüber dem Klinikpersonal die letzten Stunden über mitbekommen hatte, ließ mich ungläubig den Kopf schütteln. Und in den Fällen, an die ich denke, waren die Kinder (Gott sei Dank) weit entfernt von einem lebensbedrohlichen Zustand.

Jetzt mal ehrlich, liebe ALLE: Muss das sein?

Der Ton macht doch immer noch die Musik. Wenn die Nerven blank liegen, verrutscht der schon mal, klar. Aber es scheint mir, dass die Zündschnur so kurz geworden ist, dass es für die Menschen an der Basis kaum mehr auszuhalten ist.

Mehrfach habe ich in der Zeitung gelesen, dass Rettungssanitäter neuerdings beschimpft, bespuckt, getreten werden. Geht's noch?

Behaupte ich sonst, mich gut in andere hineinversetzen zu können, so gibt es da auch Grenzen. Verhaltensweisen, die mir nicht in den Kopf wollen. Das oben Beschriebene ist eine solche.

Sie werden anmerken: Aber was hat das alles mit dem Buchtitel zu tun?

Jaaa – auf den ersten Blick tatsächlich wenig. Es hat in diesem Fall nichts mit der Männerwelt zu tun. Dafür aber unglaublich viel mit Schlagfertigkeit.

Gehen wir zurück zu Schwester Angelika. Sie hat seit vielen Jahren einen wirklich harten Job, hört von den Eltern ihrer Patienten wenig bis gar kein Lob, und am Ende des Monats schaut sie auf ihre Gehaltsabrechnung und macht höchstwahrscheinlich keine Luftsprünge dabei.

Wie soll Angelika nun ein realistisches Selbstbild aufbauen?

Ganz ehrlich: Ob ich ein Buch mehr oder weniger schreibe, ist doch letztlich unerheblich. Davon geht die Welt nicht unter! Meine Tätigkeit ist nicht lebensrettend. Aber *ich* bekomme Applaus. Nach jedem Auftritt bekomme ich Applaus. Über den ich mich freue. Super für *mein* Selbstbild.

Der Krankenkassenvorstand bekommt Applaus, wenn er die Millionen Gewinn präsentiert, und der Autovorständler im übertragenen Sinne auch, wenn er die falschen Abgaswerte als Fortschritt verkauft, sich dann zur Ruhe setzt und im Monat eine Summe an Rente bekommt, die Angelika nach einem ganzen Jahr mit Schichtdienst nicht als Gehalt verdient.

Dabei sind es Menschen wie Angelika, die von uns allen beklatscht werden sollten. Jedoch: Die Menschen, die wirklich Applaus verdienen – und wir reden hier mal ganz locker über die Säulen unserer Gesellschaft: unsere Pflegekräfte, ErzieherInnen, LehrerInnen, PolizistInnen … –, die bekommen keinen. Im Gegenteil, sie werden häufig eben noch beschimpft, von der Politik vernachlässigt und schlecht bezahlt.

Nicht wenige der in diesen Jobs arbeitenden Frauen sitzen dann irgendwann bei mir im Seminar oder in einer Show und wollen alles über Schlagfertigkeit wissen.

Und sagen dann zu *mir:* »Was sind *Sie* für eine tolle Frau!« Das ist doch verkehrte Welt!

Ich möchte Ihnen *allen* sagen: *Sie* sind die tollen Frauen!

Denn wenn es Sie nicht gäbe, wenn ich keine gute Betreuung für meine Kinder in Form von kompetenten, liebevollen, geschulten Erzieherinnen hätte, könnte ich doch so einen Spökes gar nicht machen.

Sie sind es, die den *ganzen* Applaus verdienen.

Es ist an der Zeit, dass wir uns darauf besinnen, wer die Stützpfeiler unserer Gesellschaft sind. Und das gerne vor dem nächsten Streik der Müllabfuhr. Denn erst dann merken wir mal wieder, was die Jungs (und mittlerweile ja auch Mädels!) da für einen Megajob machen.

Bevor Sie dem nächsten Influencer ein Herzchen schenken, weil er oder sie seinen gephotoshopten Hintern an einem gephotoshoppten Strand in die Kamera hält und dafür von den Markenfirmen dieser Welt jede Menge Geld in den selbigen geblasen bekommt, bedanken Sie sich doch heute lieber mal live bei Ihrem / Ihrer BriefträgerIn! Von mir aus auch mit Herzchen.

In unserer Gesellschaft haben sich die Werte verschoben.

Ich war vor ein paar Monaten auf einer Ausbildungsmesse. Alle Stände waren schlecht besucht. Bis auf einen: »Wie werde ich *YouTube*-Star?«

Ich stelle mir meine Eltern vor, wenn ich ihnen nach dem Abi gesagt hätte, ich wolle im Internet zeigen, wie der perfekte Lidstrich geht.

Die positive Kehrseite davon ist, dass heute jeder / jede das machen und werden kann, was er / sie wirklich gerne möchte.

Nur: Wenn in Zukunft keiner mehr auf der Intensivstation Wache hält, bekommen wir in absehbarer Zeit ein Problem.

Ich hätte das Buch lieber »Wir schweifen ab« nennen sollen. Ach, liebe Leserinnen, ich schreibe eben nicht nach einem Konzept oder Plot. Ich denke und schreibe dann, manchmal auch andersrum, in Teilen lasse ich das Denken auch ganz weg. Ich schreibe auch kein Buch, um Ihnen die Welt zu erklären. Ich lasse Sie lediglich an meinen Gedanken teilhaben – und die driften nun mal gerne ab.

Jetzt kehren wir aber wieder zur Intensivschwester Angelika zurück.

Der Beruf der Krankenschwester ist nicht der erste, der einem beim Thema »Männer sind auch nur Menschen« in den Sinn kommt. Denn Krankenschwestern sind ja überwiegend weiblich.

Aber Angelika hat natürlich ein paar Ärzte (auch Ärztinnen, die habe ich aber nicht kennengelernt) um sich herum. Bis auf den Oberarzt und Chefarzt meist junge, zuweilen sehr junge Assistenz- oder Stationsärzte.

»Mama, warum leuchten die mir immer in die Augen? Wollen die gucken, ob ich schon blind bin?«, fragte mich mein im Korsett liegender armer Sonnenschein in seinem Kran-kenbett.

»Nein, mein Schatz, die überprüfen nur deine Pupillen. Ob sie so reagieren, wie sie sollen.«

»Aha. Und wann hört das Baby auf zu schreien?«

Seit etlichen Minuten war ein ganz fürchterliches Weinen von nebenan zu hören.

»Ich weiß es leider nicht.«

»Was machen die denn mit dem, Mama?«

»Weiß ich leider auch nicht.«

»Stecken die das zurück in den Bauch von der Mama?«

»Sicherlich nicht.«

»Schade, dann wäre wenigstens Ruhe.«

Sie merken: Mein Sohn erholte sich erstaunlich schnell von seinem Sturz.

Zumindest, bis es Abend wurde …

»Schatz, alles okay?«

Constantin atmete mit einem Mal schnell und wechselte die Gesichtsfarbe zu einem dezenten Weiß. »Mir ist so schlecht.« Und dann fing er an, sich aufzubäumen.

Ich klingelte und rief nach Hilfe. Schwester Angelika kam sofort, hinter ihr der diensthabende Arzt. Eine Sekunde spä-ter fing Constantin an, sich schrecklich zu übergeben, zu zittern und zu krampfen. Es war furchtbar. Dem jungen Arzt standen die Schweißperlen auf der Oberlippe – eine Reaktion, die man so gar nicht bei einem Arzt sehen will – und schaute mich mit Panik in den Augen an: »Jetzt mache ich mir ernsthaft Sorgen um Ihren Sohn.«

Und dann erinnere ich mich noch genau an den Moment, als Schwester Angelika beruhigend auf Constantin einzure-den begann und so schnell das Bettzeug wechselte, wie ich es noch nie gesehen habe. Sie zog dem Kleinen ein neues

Hemdchen an, warf mir nebenbei einen beruhigenden Blick zu und sagte ganz vertrauensvoll:

»Ich mache mir *gar* keine Sorgen. Das ist völlig normal nach so einem Trauma.«

Da stand ich als Mama zwischen den Fronten: links der junge Arzt, der außer gucken nicht viel tat, rechts meine Heldin in persona: Schwester Angelika. Bei der jeder Handgriff saß. Weder Angst noch Ratlosigkeit im Blick.

Der Arzt guckte Schwester Angelika erzürnt an und tat ihren Satz mit einer abwertenden Handbewegung ab, als wolle er sagen: *Wann sich hier Sorgen gemacht wird und wann nicht, das entscheide immer noch ich!*

Zum Glück sagte er aber gar nichts.

»Nehmen Sie es mir nicht übel, aber ich halte mich lieber an diese fähige Schwester, ja?«, sagte ich, drehte mich zu meinem Sohn und damit dem Arzt den Rücken zu. All das passierte völlig automatisch und ohne böse Hintergedanken.

Schwester Angelika behielt recht. Nach einigen Untersuchungen bestätigte man mir Constantins Reaktion nicht als Anzeichen einer Hirnblutung – die sich vor meinem inneren Auge abgespielt hatte –, sondern als durchaus übliche Reaktion nach einem Sturz aus dieser Höhe.

Es geht mir in dieser Geschichte nicht ums Rechthaben, sondern um die Art, wie Angelika einer sogenannten weisungsbefugten Person – es geht hier um Hierarchien – begegnet ist. Wenn wir in Hierarchien denken (und so denken die meisten Unternehmen), steht der Arzt ganz klar über der Schwester. Er ist weisungsbefugt. Unabhängig von der Berufserfahrung.

Einen Tag später – als mein Hirn wieder einigermaßen normal arbeitete – kam ich erneut mit Schwester Angelika ins Gespräch.

»Sagen Sie, der Arzt hätte uns beide gestern am liebsten umbringen wollen, oder?«

»Ja«, lachte sie, »vermutlich.«

»Wie gehen Sie damit bloß um? Ich meine, er *kann* doch noch gar nicht so viel Erfahrung haben wie Sie. Wissen die jungen Ärzte das zu schätzen und bitten um Ihren Rat, wenn sie etwas nicht wissen? Oder ist es noch wie früher, streng hierarchisch: Arzt über Schwester?«

»Es gibt solche und solche«, antwortete Schwester Angelika nachdenklich. »Die einen, denen unsere Meinung wirklich wichtig ist und die fragen: ›Was sagen Sie dazu?‹ oder ›Wie würden Sie jetzt vorgehen?‹. Und dann gibt es die anderen.«

»Die da wären?«, hakte ich neugierig nach.

»Die kommen meist von der Uni und wissen und können vermeintlich schon alles. Die würden es niemals offen zugeben, wenn sie an ihre Grenzen kommen. Die fragen uns natürlich nicht um Rat. Aber auch da gibt es Unterschiede.«

»Und worin besteht dieser Unterschied?«

Angelika lachte: »Im Geschlecht.«

»Das verstehe ich nicht.«

»Die, die schon alles können, sind – bis auf wenige Ausnahmen – Männer. Die Ärztinnen legen ein anderes Verhalten an den Tag. Sie begegnen uns viel eher auf Augenhöhe.«

»Sind Sie solche Kompetenzrangeleien wie gestern nicht leid?«

»Ach, das war noch harmlos. Aber darum geht es nicht. Ich bin kein Arzt, das maße ich mir auch nicht an. Nach so vielen Jahren im Umgang mit Patienten bringe ich aber natürlich Erfahrungswerte mit, die man nach dem Studium einfach noch gar nicht haben *kann*. Wenn ich dann einem Arzt begegne, der eine falsche Entscheidung trifft, muss ich reagieren.«

»Was bestimmt nicht immer leicht ist.«

»Wenn man sich eines klarmacht, dann eigentlich schon.«

»Und das wäre?«

»Es geht weder um den Arzt noch um mich. Es geht um den Patienten. In unserem Fall um Kinder. Da dürfen persönliche Befindlichkeiten keine Rolle spielen.«

»Sieht das der Kollege auch so?«

»Leider nein. Für gestern habe ich mir auch schon einen Spruch abgeholt.«

»Im Ernst? Verraten Sie ihn mir?«

»Ach, so was in Richtung: ›Es steht Ihnen nicht zu, meine Kompetenz zu untergraben.‹«

»Was haben Sie geantwortet?«

»Nichts. Ich schalte da auf Durchzug, nicke und gucke verständnisvoll.«

So, meine Damen, jetzt kommen wir zu einem ganz wichtigen Punkt. Normalerweise müsste ich als Schlagfertigkeitstrainerin bei dem Wörtchen »nichts« mit dem erhobenen Zeigefinger wedeln und Angelika aufweisen, wie wichtig die verbale Reaktion ist. Steht sie doch – laut Definition – für Geistesgegenwart und Intelligenz.

Aber genau das habe ich NICHT getan.

Denn Angelikas Lösung, begründet auf ihrer Erfahrung, war perfekt für ihre Situation. Die Da-rein-da-raus-Taktik. Durch ihr Nichtantworten wurde ihr Tag nicht weiter negativ beeinflusst, und sie konnte konzentriert weiterarbeiten.

Und vielleicht erinnern Sie sich aus der *Schlagfertigkeitsqueen* an Folgendes: Nur darauf kommt es mir an: dass unser Tag gut weitergeht!

Hätte sie gesagt: »Nichts. Und ich ärgere mich immer noch darüber, dass mir nichts Schlagfertiges eingefallen ist«, wäre

ich da gewesen. Aber ich rede ihr doch kein Problem ein, wo
gar keins ist!
Wir werden im Laufe dieses Buches immer wieder auf individuelle Lösungen stoßen. Wie die von Angelika.

Und hier kommen noch ein paar mehr
von Angelikas Überlebensstrategien in ihrem Job
»Allein unter Ärzten«:

- Es geht um den Patienten, nicht um persönliche Befindlichkeiten.
- Es geht auch um die Eltern. Panik hilft niemandem weiter.
- Der Ton macht die Musik. Angelika hat den Arzt ja nicht
  angeschnauzt. Streng genommen hat sie gar nicht mit ihm,
  sondern mit der Mutter eines Patienten gesprochen.
- Hierarchien gibt es nur auf dem Papier.

GAAAAAAAAAAAANZ wichtig

E ine Hierarchie gibt es nur auf dem Papier.«
Eigentlich ist damit alles gesagt. Aber natürlich weiß ich,
dass es nicht so einfach ist. (Oder vielleicht doch?)
Es war übrigens mein Opa, der den Satz in den 1990er-Jah-
ren kreierte. Damals saß ich bei meinen Großeltern im
Wohnzimmer und schaute auf MTV die Musik-Charts. Das
war zu der Zeit ein Muss. Diese Musikvideos – hach! Es lief
gerade Michael Jackson. Damals – trotz aller Diskussionen –
war Michael Jackson wohl der größte Star, der auf dem Pla-
neten lebte. Zumindest aus meiner Sicht. Ich starrte auf den
Fernseher und war für Zwischenrufe aus der Außenwelt
taub. Bis mein Opa mich unverhohlen fragte:
»Du liebe Güte! Wer ist der Jeck?« (Mein Opa war Urkölner.
Der Originalsatz also: »Du leeven Jot! Wer is der Jeck?«)
»Opa, sag bloß, den kennst du nicht? Das ist Michael Jackson!«, antwortete ich entrüstet.
»Und was kann der?«
»Boah, Opa! Alles! Hör doch mal! Guck doch mal! Michael
Jackson ist ein MEGASTAR!« Ich begriff einfach nicht, wie
jemand nicht vor dem Fernseher knien und ihn anhimmeln
konnte.
»Deswegen macht er beim Stuhlgang* aber genauso die Bei-
ne krumm wie du und ich.« (*Er benutzte ein anderes Wort,
aber das hätte mir die Lektorin vermutlich gestrichen.)
Ad hoc ging bei mir das Kopfkino los mit Michael Jackson

auf dem Klo. Mein Idol war damit für mich, im wahrsten Sinne des Wortes, entthront. Entzaubert. Vorbei.

Damals hätte ich meinem Opa an die Gurgel gehen können, heute schicke ich ihm ein Küsschen in den Himmel.

Dieser Satz mit dem Stuhlgang gilt für jede und jeden von uns.

Völlig egal, welcher Abschluss, Posten, Status, welches Abzeichen, Gehalt, Erbe vorliegt. In letzter Konsequenz machen wir alle die Beine krumm, wenn wir aufs Klo gehen.

Das mag jetzt nicht der wissenschaftlich fundierteste Rat sein für den Umgang mit Hierarchien, aber er bringt es bildlich gesehen am besten auf den Punkt. Am Ende sind wir doch alle gleich. Kein Mensch steht über dem anderen, nur weil er ein Diplom, eine Million oder einen Orden vorweisen kann.

Weil Theorie und Praxis aber manchmal voneinander abweichen, spreche ich zum Thema »Hierarchien« mit Tina Hansen, militärische Gleichstellungsbeauftragte der Bundeswehr in Berlin.

Liebe Tina, du bist Soldatin bei der Bundeswehr. Wenn ich dich jetzt frage, wie es ist, allein unter Männern, was fällt dir dazu ein?
Dass ich wahnsinnig gerne mit Männern arbeite.

Aha. Also ist es gar kein Fluch, sondern eher ein Segen?
Im Großen und Ganzen: Ja.

Warum?
Männer leben, meinen Beobachtungen zufolge, einen gesunden Konkurrenzkampf. Der wird offen ausgetragen, und, um es platt auszudrücken, wenn der eine feststellt, dass der

andere besser ist, ist das geklärt, und beide gehen im Anschluss ein Bier zusammen trinken.

Ist das bei Frauen anders?
Sagt dir der Begriff »Krabbenkorbeffekt« etwas?

Nie gehört.
Du brauchst für einen Korb voller Krabben keinen Deckel. Denn sobald eine versucht rauszuklettern, ziehen die anderen sie wieder nach unten. So empfinde ich das oft, wenn wir Frauen in Konkurrenz zueinander stehen.

Was für ein krasses, aber einleuchtendes Bild. Woher, glaubst du, kommt dieses Verhalten?
Ich habe lange darüber nachgedacht und keine wirklich schlüssige Antwort darauf finden können. Vielleicht ist der Neidfaktor bei Frauen generell ausgeprägter.[*] Bei mir selbst allerdings kenne ich Neid zum Beispiel gar nicht, darum ist das recht spekulativ. Was ich sicher weiß, ist, dass sich die Frauen – auch hier bei uns und damit meine ich bei der Bundeswehr im Allgemeinen – damit selbst im Weg stehen.

Du sprichst mir leider aus der Seele. Wie ist denn die Geschlechterverteilung in der Bundeswehr?
Bei den Streitkräften liegt der Anteil der Soldatinnen mitt-

---

[*] Übrigens: Dazu gibt es mittlerweile einiges an Literatur, die eher das Gegenteil belegt, indem sie zu diesem Thema Rückschlüsse auf die Evolution zulässt. Wenn wir zurückgehen bis in die Steinzeit, mussten Frauen im Besonderen und Gruppen im Allgemeinen zusammenhalten, um zu überleben. Da war es nicht wichtig, innerhalb der Gruppe Hierarchien aufzubauen, sondern zusammenzuarbeiten. Zu viel Egoismus hätte die Gruppe entzweit und zerstört.

lerweile bei an die zwölf Prozent, in meiner derzeitigen Dienststelle aber nur bei circa drei Prozent.

Da ist ja noch viel Luft nach oben.
Und gerade weil wir so wenige sind, ist es meiner Meinung nach so essenziell, dass wir uns zusammenschließen und networken, anstatt uns gegenseitig zu behindern. Nur so haben wir doch die Chance, unsere Rechte und Interessen durchzusetzen.

Auf jeden Fall. Kommen wir noch mal auf Schlagfertigkeit in Bezug auf Hierarchie zu sprechen. Kannst du einem dir höhergestellten Vorgesetzten eine schlagfertige Antwort geben?
Auf jeden Fall. Solange ich ihm oder ihr niemals das Gefühl gebe, den Respekt verloren zu haben.

Das ist doch unabhängig vom Dienstgrad, oder?
Definitiv. Unabhängig von Dienstgrad und Geschlecht. Wenn wir keinen Respekt vor dem Menschen an sich haben, ist das der Anfang vom Ende. Ich verhelfe mir immer ganz gut mit Humor und habe damit schon so manch kniffelige Situation bewältigt.

Würdest du mir zustimmen, dass selbst bei euch der Satz gilt: »Im richtigen Ton kannst du alles sagen, im falschen nichts«?
Konstruktive Kritik ist völlig okay, das erwarte ich auch von anderen mir gegenüber.

Ein ganz anderer Punkt: Was macht die Uniform mit dir?
Das ist eine gute Frage, über die ich selbst oft nachdenke. Fakt ist: Sie *macht* etwas mit mir! Ob mein Ton befehlender ist? Ich weiß es nicht. Das ist er nämlich auch schon ohne

Uniform (lacht). Aber sie steht natürlich für meinen Beruf, und ich stehe mit ihr in der Öffentlichkeit definitiv im Fokus. Ich kann mich an eine Situation am Flughafen erinnern, als ich an einer Gruppe Männer vorbeiging und deutlich das Wort »Mörder« hörte. Da hat mich die Uniform davor bewahrt, die Situation eskalieren zu lassen.

Wie das?
Na ja, als Privatperson, sprich, in Zivil, hätte ich mich garantiert verteidigt. In diesem Fall aber habe ich abgewogen und entschieden, dass es besser ist, so zu tun, als hätte ich es nicht gehört. Als Soldat oder Soldatin ist man in diesem Land nicht überall gern gesehen. Und als Frau in Uniform stehe ich noch mal mehr im Mittelpunkt. Wenn ich mich auf eine Diskussion eingelassen hätte, hätte ich damit rechnen müssen, am nächsten Tag streitend mit irgendwelchen Anzugträgern in der Zeitung oder den sozialen Medien abgebildet zu werden.

Würdest du lieber ohne Uniform arbeiten?
Ich bin gerne Soldatin. Ich liebe meinen Beruf und mag die Uniform, obwohl sie ruhig etwas moderner sein könnte. Aber sie gehört definitiv zu mir, und ich identifiziere mich mit ihr.

Wichtiges Stichwort, liebe Tina. Darfst du in deinem Job so bleiben, wie du bist?
Ja. Und das ist mein Appell an die jungen Kameradinnen: Passt euch nicht um jeden Preis an, obwohl das in diesem männerdominierten Metier sehr schwierig ist. Ich erkenne mich oft selbst wieder: wie ich in meinen Anfangsjahren hier bei der Bundeswehr gesprochen und gehandelt habe und

Gefahr lief, gewisse männliche Attitüden anzunehmen. Nur, um zur Gemeinschaft dazuzugehören. Jahrelange Konditionierung hat mich das eine oder andere mit Sicherheit auch nicht ganz abschütteln lassen. Aber irgendwann bin ich an den Punkt gekommen, an dem ich mir gesagt habe: Kein Mensch hat das Recht, mir vorzuschreiben, wie ich mich zu verhalten habe, um dazuzugehören.

Liebe Tina, deine Überlebensstrategien für ein Leben unter Männern?

- Netzwerken.
- Netzwerken.
- Netzwerken.

Aufgrund der weiblichen Unterrepräsentanz in meinem Beruf müssen wir Frauen uns zusammentun, dann ist vieles einfacher, wir erreichen unsere Ziele. Und wir dürfen dabei auch nicht die Männer vergessen, die bereits für Chancengerechtigkeit und eine gleichberechtigte Teilhabe von Frauen und Männern einstehen und diese unterstützen und fördern. Genau diese Männer stehen an unserer Seite, und wir müssen sie mitnehmen. Die Ausgrenzung *aller* Männer würde am Ende also nur uns selbst schaden.

Sie sehen, liebe Damen, selbst in der Bundeswehr kann man sich, trotz massig vorhandener alter hierarchischer Strukturen, gut zur Wehr setzen.
Aber wir müssen gar nicht so strenge Hierarchien zugrunde legen, wie das bei der Bundeswehr der Fall ist. Eine Leserin

schrieb mir vor Jahren eine Mail. Sie ist Chefsekretärin eines »hohen Tiers« aus der Versicherungsbranche. Sie hat die *Schlagfertigkeitsqueen* gelesen, die ihr sehr im Umgang mit ihrem Chef hilft, weil der gerne mal über das Ziel hinausschießt.

Sie schrieb:

»Anfang der 1990er habe ich angefangen, für meinen Chef als Sekretärin zu arbeiten. Es war damals noch üblich, handgeschriebene Notizen abzutippen. Auch er hat mir also solche hingelegt. Ich tat mich unglaublich schwer damit, seine unleserliche Handschrift zu entziffern. Als ich ihm mein Leid klagte, bäumte er sich vor meinem Schreibtisch auf und sagte mit erhobenem Zeigefinger:

›Ich gebe Ihnen zwei Wochen Zeit, meine Schrift entziffern zu lernen.‹

Ich war schon immer schlagfertig, daher kam meine Antwort relativ schnell:

›Und ich gebe Ihnen zwei Wochen Zeit, so zu schreiben, dass ich es gut lesen kann.‹

Ich muss dazu sagen, dass mein Tonfall über alle Maßen freundlich war und ich ihn dabei anlächelte. Ich habe nie daran gezweifelt, dass meine Reaktion angemessen gewesen ist, denn mein Chef war tatsächlich baff und gab sich von da an Mühe.«

Ist das nicht eine tolle Antwort, Ladys?

Für die Fachfrauen unter Ihnen: Es handelt sich um den Gegenkonter. Der kommt sprachgewaltig daher, ist im Prinzip jedoch eine schlichte Wiederholung dessen, was Ihr Gegenüber gesagt hat. Er zeichnet sich nämlich dadurch aus, dass wir den »Vorwurf« eigentlich genauso stehen lassen und ihn dann im entscheidenden Moment umdrehen.

Wie wir an diesem Beispiel wunderbar sehen können: Es geht bei Schlagfertigkeit eben nicht darum, recht oder das letzte Wort zu haben. Sondern darum, Grenzen zu ziehen und seinem Gegenüber charmant zu verstehen zu geben, dass es eine dieser Grenzen gerade überschritten hat.

Sehr gut lässt sich das doch mit der Kindererziehung vergleichen. Die Mäuse piepsen geradezu wie wild nach Grenzen. Kinder, die nicht erfahren dürfen, was Bedürfnisse und Grenzen sind, werden das in ihrem Leben auch nicht weitertragen können. Wenn aber ihre dringendsten Bedürfnisse befriedigt werden und sie bei weniger dringenden auch mal warten müssen, haben sie die Chance, ein gesundes Geben und Nehmen kennenzulernen und auch die Bedürfnisse und Grenzen ihrer Mitmenschen zu erkennen und zu achten.

Ihr Chef, so schrieb mir besagte Leserin, habe sich im Übrigen nie mehr im Wort vergriffen. Die beiden arbeiten noch heute zusammen.

Mein Haus, mein Auto,
mein Pferd ...

Tina Hansen erwähnte im Gespräch einen weiteren wichtigen Punkt: das Netzwerken.

Oh, wie ich diesen Begriff hasse!

Wissen Sie, was ich damit assoziiere?

Treffen, auf denen Visitenkarten ausgetauscht werden, die verschlüsselt das aussagen, was in der Kapitelüberschrift steht.

Und doch ist Netzwerken so wichtig. Aber vielleicht können wir es umbenennen? (Mein Drang, Dinge umzubenennen, dürfte meinen Stammleserinnen bekannt sein. In der *Steh-aufqueen* haben wir den Begriff »Nachsorge« gegen »Nachguck« ersetzt. Und schwupp: Gleich nicht mehr so schlimm.)

Und wenn wir »Netzwerken« gegen »Füreinander-Mitdenken« austauschen? Das dürfte doch gerade uns Frauen nicht besonders schwerfallen, weil wir es ohnehin den ganzen Tag über tun.

Meine Freundin Carola Nahnsen ist die geborene Netzwerkqueen. Sie ist Stylistin, kommt unter anderem zu den Frauen nach Hause und checkt den Inhalt ihres Kleiderschranks. Eine tolle Sache, sag ich Ihnen! Danach haben sie x-Millionen neue Kombinationen, ohne etwas Neues gekauft zu haben.

Auf jeden Fall netzwerkt Carola »professionell«. Wenn ich nicht weiß, wer mir weiterhelfen kann, rufe ich Carola an. (Ha, das reimt sich sogar!)

Sie bringt ihre Einstellung zum Netzwerken, äh, Füreinander-Mitdenken, wunderbar auf den Punkt mit dem Satz:
»Für mich ist das eine Lebenseinstellung.«
Ich habe mich da am Anfang der Selbstständigkeit ganz schön schwergetan.
Direkt nach meiner Firmengründung besuchte ich die unterschiedlichsten Netzwerkplattformen. Die einen trafen sich jede Woche in aller Herrgottsfrühe und betrieben das Netzwerken als ernst zu nehmendes Business, die anderen spezialisierten sich auf Frauen und garnierten ihre Abende mit wirklich interessanten Vorträgen.
Aus jedem dieser Treffen habe ich etwas mitgenommen, und wenn es nur die Erkenntnis darüber war, was ich mag und was nicht.
Was ich nicht mag, ist, wenn Netzwerken zu einer Verpflichtung verkommt: Hilfst du mir, so helf ich dir. Oder eher: Helf ich dir, so hilfst du mir gefälligst auch.
Den Grundgedanken unterstütze ich zu einhundert Prozent, aber, bitte schön, ohne Verpflichtung oder – da haben wir sie wieder – Erwartungshaltung dahinter. Leider hat aber genau die dazu geführt, dass ich die meisten Plattformen lieber nur einmal besucht habe.
Füreinander-Mitdenken ist nur für Menschen gemacht, die neidbefreit durchs Leben gehen und nicht nur an ihren eigenen Vorteil denken. Für die, die uneigennützig helfen wollen.
Aber, liebe Damen, auch auf die Gefahr hin, dass Sie mich jetzt steinigen: Dieses neidfreie Sein ist nicht gerade unser Steckenpferd. Wir sind geübt darin, uns ständig mit anderen Frauen zu vergleichen und den Fokus darauf zu richten, was die andere mehr hat oder besser kann als wir selbst. Und dass sie besser aussieht sowieso.

Vorstellungsrunden auf Netzwerkveranstaltungen habe ich darum oftmals folgendermaßen empfunden:

»Hallo! Ich bin Judith und ich kann alles, weiß alles und meine Feng-Shui-Beratungsfirma, auch wenn gerade erst gegründet, ist quasi schon so groß wie Google. Ich kann mich vor Aufträgen kaum retten. Nebenbei erledige ich natürlich den Haushalt ganz allein, und meine hochbegabten Kinder helfen mir nach ihrem Chinesischkurs gerne beim Zubereiten der Biozutaten, um dem Mann, wenn er nach seinem stressigen Job im Vorstand einer großen Bank heimkommt, auch ein frisches Essen auf den Tisch zu bringen. Was gibt es noch zu sagen? Ach Gott, weiß ich jetzt auch nicht. Vielleicht noch meine Hobbys: Ich laufe Marathon und mache Yoga.«

Nach der vierten Feng-Shui-Supercoach-Lady war ich geistig raus.

Denn meine Realität sah so aus:

»Hallo! Ich bin Nicole und ich habe unser gesamtes Bausparvermögen in eine Schnapsidee investiert. Dann wurde ich todkrank und bin immer noch dabei, mich wieder zu berappeln. Ich bin also mit meinen Kräften sowohl körperlich als auch finanziell am Ende und habe neben euch Großunternehmerinnen eigentlich gar nicht so recht was zu sagen. Außer, dass ich Sport garantiert nicht zu meinen Hobbys zähle und mein Mann sich sein glutenhaltiges Nichtbiobrot selbst schmieren muss.«

Da haben die sparsam geguckt, sag ich Ihnen!

Aber so kamen wir immerhin ins Gespräch. Und siehe da: Selbst die Yoga machende Marathonläuferin öffnete sich und gab zu, dass ihre Kinder gar nicht sooo hochbegabt seien, also, eigentlich gar nicht.

Ganz oft während dieser Netzwerktreffen erwischte ich mich bei dem Gedanken:

Das hier würde viel besser funktionieren, wenn alle unge-
schminkt kämen, innerlich wie äußerlich. Und wenn jede von
uns zugeben würde, wie schwierig so eine Firmengründung
wirklich ist und dass man ganz oft nicht weiß, wie es weiterge-
hen soll.

Aber soll ich Ihnen was sagen? Es steht ja auch nirgendwo
geschrieben, dass es so *nicht* geht! Und voilà: Heute bin ich,
nach Carola, wahrscheinlich Netzwerk-Kwien No. 2: Ich
liiiiebe es, Menschen miteinander zu verbinden, querzu-
denken und zu helfen. Und zwar uneigennützig, ohne Hintergedanken, einfach nur, weil ich den- oder diejenige mag.
Und Menschen, die ich mag, tue ich gerne Gutes.

Wie ich schon in der *Stehaufqueen* schrieb: Wenn Sie mich
fragen, ist Gutes tun (oder Füreinander-Mitdenken oder
Netzwerken, nennen Sie es, wie Sie wollen) *das* Geheim-
rezept für schlechte Tage und letztlich für Resilienz. Denn
wenn es für einen selbst gerade nicht so rundläuft, wir uns in
einer Negativspirale verloren fühlen, können wir uns trotzdem oder *gerade* umsehen, ob wir nicht jemand anderem
etwas Gutes tun, Hilfe leisten können. Das hat etwas mit
Selbstwirksamkeit zu tun. Dem Glauben daran, dass wir *immer* etwas bewirken können. Dass wir eben nicht nur ein
Rädchen im Getriebe sind.

Aus all diesen Erfahrungen und Erkenntnissen heraus be-
treibe ich mein Füreinander-Mitdenken nach folgenden Ge-
sichtspunkten:

- **Aufrichtiges Interesse**
  Der wahrscheinlich wichtigste und zugleich schwierigste
  Punkt. Denn auf vielen Veranstaltungen kam mir das zu
  kurz. Da ist die Hauptintention: »Hoffentlich ist der bald
  fertig, damit *ich* erzählen kann.«

Aber hören Sie genau hin, was die Frauen in Ihrem Umfeld machen. Interessieren Sie sich ehrlich für Ihr Gegenüber, auch dann (gerade dann), wenn es gar nicht Ihr Themengebiet ist!

- »Was brauchst du?«
  Für mich die Universalfrage an alle Menschen. Nicht nur zum Netzwerken, auch für schwierige Lebensabschnitte. Das heißt noch lange nicht, dass Sie für alles eine Lösung oder einen Kontakt parat haben müssen, es bedeutet aber, dass Sie sich öffnen und Ihr Gegenüber ein offenes Ohr und vielleicht eine helfende Hand von Ihnen geliehen bekommt.

- »Gehet hin und liebet euch!«
  (Wie ich es gern interpretiere.)
  Oft treffe ich Menschen (geschlechtsunabhängig!), von denen ich denke: *Die müssten sich mal kennenlernen!* Was sie daraus machen, läge nicht in meiner Hand, aber *dass* die sich überhaupt mal treffen, miteinander unterhalten.
  Und dann schreibe ich Mails:
  »Hallo, ihr zwei! Ihr kennt euch nicht, aber ich kenne euch, und mir ist es ein Bedürfnis, euch zusammenzubringen aus dem und dem Grund.
  Und jetzt gehet hin und liebet euch!«
  Kostet ungefähr drei Minuten Zeit und hat manchmal einen Output, der nicht in Worte zu fassen ist!

- Die wohl einfachste und wichtigste Regel: Ich sage nie einen Auftrag ab, ohne eine andere Frau (!!) empfohlen zu haben.

Dress for Success!?

Die Überschrift ist ein bisschen irreführend, denn das ist nicht meine Überzeugung. Darum auch das Fragezeichen am Ende. Ich habe sie trotzdem gewählt. Weil mir der Titel schon so oft als Seminarthema für Frauen untergekommen ist.

Verstehen Sie mich nicht falsch: Ich finde ein schönes Styling toll! Mega sogar! Und ich beneide alle Frauen darum, die ein Händchen dafür haben.

Ich persönlich mag es lässig und sportlich, aber ich liebe es, mir festlich gekleidete Frauen anzuschauen. Auch gerne in kitschigen Hollywoodstreifen. Audrey Hepburn in *Frühstück bei Tiffany* kann ich mir zum Beispiel immer und immer wieder anschauen. Allein schon wegen des übergroßen Hutes!

Leider ist es aber so: Wenn zwei dasselbe tun, ist es noch lange nicht das Gleiche. Soll heißen, wenn ich so einen großen Hut aufsetzen würde … Lassen wir das lieber.

Und damit verhält es sich mit der Mode wie mit allem anderen auch: Es ist eine individuelle Geschichte, es kann nicht für jeden alles gelten.

Dass Mode, Styling und vor allem Farben ganz bestimmte Wirkungen haben, muss ich Ihnen nicht erzählen, da gibt es viel belesenere Menschen als mich. Und dass es bestimmt hilfreich ist, zu wissen, dass Dunkelblau beispielsweise gerne mal Schwarz ersetzen kann, ist auch super. So weit bin ich noch dabei.

Ich bin allerdings raus, wenn (vorzugsweise) Frauen im Job ein Styling vorgegeben wird mit der Begründung: »Ist halt so.«

Ich darf viermal im Jahr einen Kongress leiten, in dessen Rahmen ich die Teilnehmerinnen in Schlagfertigkeit trainiere. Zumindest tagsüber.

An einem Abend ist etwas anderes vorgesehen … Zielgruppe sind Frauen aus drei verschiedenen Firmen, die sich zusammengetan haben, um das obere Management anzuvisieren. Die Frauen werden in dieser Woche noch fitter gemacht, als sie es schon sind.

Zum Tätigkeitsfeld sei gesagt: Es sind vorzugsweise Frauen aus MINT-Berufen (für alle, die nichts mit der Abkürzung anfangen können: **M**athematik, **I**nformatik, **N**aturwissenschaft, **T**echnik), sprich, ich habe inhaltlich keinen Schimmer. Diese Frauen jonglieren mit Zahlen und Statistiken in gefühlt dreihundert Sprachen. Hochintelligente, aufstrebende, bemerkenswerte Frauen. Wenn man eine Woche zusammen verbringt, dann, das können Sie sich vorstellen, baut man eine Bindung auf, und ich übertreibe nicht, wenn ich Ihnen sage, dass ich nach jedem Kongress Abschiedsschmerz habe.

Am Abend vor dem ersten Seminartag wird meist ein lockeres Kennenlernen veranstaltet. Hier tue ich als Trainerin meinen Wunsch kund, dass die Ladys am Morgen so kommen sollen, wie sie sich wohlfühlen. Also gerne leger und ungestylt.

Aus meiner Erfahrung setzen sich Menschen mit ihrem Make-up eine Maske auf, die es für mich als Trainerin schwerer macht, Zugang zu ihnen zu finden. Und ich führe meine Trainings nie nach einem fertigen, starren Konzept durch, sondern richte mich immer nach den jeweiligen Teilnehmerinnen, ihrem Bedarf und ihren Erfahrungen. Genau dafür müssen diese sich aber öffnen. Und ebendas geschieht im »puren« Zustand leichter und schneller.

Lange Rede, kurzer Sinn: Nach spätestens einem Tag sind mir meine Teilnehmerinnen zutiefst vertraut, wir lachen und lernen gemeinsam.

Ich lerne sie auf einer ganz intensiven, persönlichen, authentischen Ebene kennen, und meine Aufgabe ist es, vielleicht noch verborgene verbale Talente in ihnen wachzurütteln.

Und jetzt kommt der besagte Abend, der dritte. Hier ist die Aufgabe für alle Teilnehmerinnen: »Bitte kommen Sie zu dem Abendvortrag in einem klassischen Business-Outfit.« Denn der (männliche) Referent bewertet im Anschluss an seinen allgemeinen, immer gleichen Vortrag die Outfits und gibt gegebenenfalls Verbesserungsvorschläge – ein Stylingcheck.

Das ist der Abend, an dem ich die Frauen nicht wiedererkenne. Mit dem Styling, in dem Business-Outfit verschwindet alles an Natürlichkeit, Humor und lässiger Souveränität. Stattdessen werden sie zu austauschbaren, regelkonformen Puppen. Ich weiß, die Formulierung ist hart, aber so wirkt es auf mich. Wir essen gemeinsam zu Abend, und ihre Körperhaltung, ihre ganze Ausstrahlung ist wie ausgetauscht. Mich macht das traurig. Ganz, ganz traurig. Noch trauriger machen mich allerdings der Vortrag und die Verbesserungsvorschläge. Aber das ist ja Sinn und Zweck der Schulung.

Bin *ich* also vielleicht zu verbohrt?

»Fühlst du dich so wohl?«, frage ich eine der Teilnehmerinnen neben mir am Tisch.

»Was heißt ›wohlfühlen‹? Das ist halt ein Business-Outfit.«

»Aber in dem könnte man sich doch auch wohlfühlen.«

»Es gibt sicherlich Bequemeres, aber die Firma will es eben so.«

Warum? Warum wollen Firmen das so? Sollte jemand da draußen die Antwort kennen, so möge er mir gerne *jetzt sofort* eine E-Mail schreiben. Denn solange ich diese Antwort nicht habe, drängt sich mir ein anderer Verdacht auf.

Ja, Frauen in Führungspositionen sind hier und da schon vorhanden. Vor allem haben sie für die Firma eine wahnsinnig gute und moderne Außenwirkung. Und dass diesen Frauen auch noch jede Weiterbildung ermöglicht wird, ist gleich noch besser für das Image der Firma und so auch für das Recruiting: Sehet hin, wir unterstützen die Frauen, wo es nur geht!

Aber irgendwann ist dann plötzlich Schluss. Bei einer gewissen maßgefertigten, nicht allzu hohen, männlich abgesteckten Grenze.

Manchmal – es kam mehr als dreimal vor – kommt der »Geldgeber« der Firma, also der oberste Boss, vor einem Seminar zu mir. Manchmal steckt er mir so ermunternde Worte zu wie: »Jetzt zeigen Sie mal, ob Sie Ihr Geld auch wert sind!«, und manchmal nimmt er mich zur Seite und gibt mir noch ein »Ähm, Schlagfertigkeit gut und schön, aber nicht so, dass die alle nachher mehr Geld wollen, ne?!« mit auf den Weg.

»Neeeeein«, säusele ich gerne zurück und mache dann aus lauter Boshaftigkeit den ganzen Tag Gehaltsverhandlungstraining.

Also drängt sich mir, wie gesagt, der Verdacht auf, dass diese Machenschaften folgendem Credo folgen:

Lasst sie nicht zu groß werden, die Frauen! In letzter Konsequenz müssen sie angepasst und im Selbstoptimierungswahn verharren. Sonst kommen sie nachher noch auf dumme Gedanken wie, dass sie gleich viel verdienen wollen wie ihre männlichen Kollegen.

Denn Fakt ist, diese Ladys in ihren angepassten Business-Kostümen werden nicht so über sich hinauswachsen können, wie ich es den Vormittag über gespürt und erlebt hatte. Wer über sich hinauswachsen will, der muss locker lassen, loslassen. Sowohl eingefahrene Muster, Selbstzweifel als auch den unbequemen Rock.

Wem nützen denn Kleidervorschriften? Doch nur dem obersten Boss, der alle MitarbeiterInnen gerne in einer Reihe haben will.

Umso optimistischer stimmt es mich zu erleben, dass ein Wandel zu erahnen ist. Bei Jungunternehmerinnen nämlich, die ihren MitarbeiterInnen freie Hand lassen in der Wahl ihrer Kleidung. Das ist nur noch lange nicht flächendeckend der Fall.

Aber soll ich Ihnen sagen, was mich an diesen Abenden am meisten schockiert?

Nicht eine der anwesenden Damen, und ich mache das schon ein paar Jahre, hat jemals den Verbesserungstipps des Redners entgegengesetzt:

»Nö. Fühle ich mich nicht wohl drin. Möchte ich nicht anziehen. Fertig.«

Nicht eine kam mal auf die Idee zu sagen:

»Nehmen Sie es mir nicht übel, aber die Rocklänge und mein Können stehen in gar keinem Zusammenhang.«

Es gehören, wie zu allem im Leben, immer zwei: einer, der sagt »Mach das!«, und der andere, der sagt »Okay«.

Und, meine Damen, ich weiß nicht, wie Sie das sehen, aber ich finde, wir haben schon zu lange zu allem »Okay« gesagt.

Sie müssen …

Wenn Sie mich fragen, gibt es viel zu wenige Rednerinnen. Oder Top-Speakerinnen. Nennen Sie es, wie Sie wollen, Fakt ist: Es stehen zu wenige Frauen auf der Bühne! Und ehrlich: Ich weiß nicht, woran es liegt. Denn wir hätten einiges zu erzählen. Manchmal sehe ich männliche Kollegen auf der Bühne und weiß dabei, was die an so einem Abend, ach, was sag ich, in einer *Stunde* verdienen, und dann rufe ich nach der Show mindestens fünf Freundinnen an und brülle in den Hörer:

»Warum stehst *du* nicht auf der Bühne?!?«

Wenn Sie das nicht wollen oder es Ihnen »nicht gegeben« ist, okay. Aber wenn Sie anfangen mit den Worten: »Ich würde ja gerne, aber …«, dann möchte ich Sie rütteln und schütteln.

Nicht selten kommt es vor, dass ich bei Rednernächten, Kongressen oder sonstigen Veranstaltungen allein als Frau unter zahlreichen Männern bin.

Hach, und das finde ich jedes Mal soo herrlich!

Jungs, ganz ehrlich: Ihr braucht keine Angst vor mir zu haben, und: Ihr braucht mir auch nicht die Welt zu erklären. Ich höre mir total gerne eure Sichtweisen an, aber noch gerner, wenn sie nicht mit »Sie müssen« eingeleitet werden.

So erlebe ich zum Beispiel einmal backstage einen Trainerkollegen, dem schon bei meinem puren Anblick die Freude ins Gesicht geschrieben steht. Nicht.

Er kommt auch nicht auf mich zu, obwohl er als Letzter den Raum betritt. Das übernehme dann eben ich.

»Hallo, Herr Schulz, freut mich, Sie kennenzulernen.«

»Hallo, Frau, ähm, helfen Sie mir gerade noch mal …«, reicht mir die Hand, guckt mich aber nicht an.

»Staudinger. Nicole Staudinger.«

»Ach ja, richtig. Sie machen ja heute ›Schlagfertigkeit‹, nicht wahr?«, guckt mich immer noch nicht an. Das spricht einmal für Unhöflichkeit, aber es signalisiert leider noch viel mehr. Und zwar Macht. Denn über Blickkontakt drücke ich Verbindlichkeit und Interesse aus. Was ich durch Weggucken ausdrücke, ist klar, oder?

Liebe Damen, ein solches Verhalten sagt aber nichts über Sie, sondern nur über Ihr Gegenüber aus. Vergessen Sie das nicht!

Da ich dieses Verhalten mittlerweile (leider) zur Genüge kenne, mache ich mir aus meiner Antwort einen Spaß:

»Ja, genau. Und Sie halten den Vortrag ›Blickkontakt leicht gemacht‹?«

Und Achtung: Jetzt ist die Tonlage entscheidend und natürlich mein Blick! Der sucht nämlich geradezu den seinen, und meine Tonlage ist so harmlos wie die eines Kleinkindes, das sich entschuldigen will.

In diesem Fall bricht meine Antwort – zumindest kurzfristig – das Eis. Herr Schulz ist ein intelligenter Mann, der die Anspielung sofort versteht, mich anblickt und sogar noch humorvoll reagiert:

»Ach, ich bin heute aber auch wieder ein echter Gentleman!«

Wir kommen ins Gespräch, nett, sehr nett sogar, und irgendwann sagt er:

»Ich habe mir Ihre Homepage angeguckt. Sie müssen da dringend mal was dran ändern!«

Finde ich immer lustig, wenn jemand vorgibt, mich nicht zu kennen, und dann rauskommt, dass der mich schon durchleuchtet hat. Tut auch nicht not. Man darf auch gerne direkt sagen: »Ich habe mir Ihre Homepage mal angeschaut. Wenn Sie da Hilfe bei der Struktur benötigen, hätte ich einen tollen Kontakt für Sie.« Gleicher Inhalt, aber etwas diplomatischer formuliert. Und gleich lösungsorientiert. Und genetworkt, äh, füreinander mitgedacht.

Verstehen Sie mich nicht falsch, er hat recht. Meine Homepage sah damals tatsächlich aus wie Kraut und Rüben. Dennoch bezweifele ich, dass er so mit einem männlichen Kollegen gesprochen hätte. Ich glaube, die Männer möchten uns nach wie vor die Welt erklären. Ihre Welt. Ihre männlich geprägte Welt.

Das dürfen Sie, liebe Damen, sich auch gerne anhören, einfach, um Ihren Horizont zu erweitern. Aber bitte lassen Sie sich davon nicht beeinflussen.

Meine Antwort kommt wieder seeehr höflich, fast schon unschuldig daher:

»Lieben Dank, ich hatte jetzt noch gar keine Zeit, mir Ihre anzuschauen. Hole ich bei Gelegenheit aber gerne nach.«

Damit war der Machtkampf ausgetragen, und der Kollege behandelte mich von da an auf Augenhöhe.

Aber versuchen tun sie es doch alle.

Wie bedauerlich, denn bei diesen Machtrangeleien geht so wahnsinnig viel Energie verloren.

Ich muss noch zwei Dinge aus eigener Erfahrung hinzufügen:

1. Ich meine, dieses Platzhirschgehabe eher bei Männern Ende fünfzig festzustellen, nicht so sehr bei den jüngeren. Da scheint ein Umdenken stattgefunden zu haben.

Ich war zum Beispiel zweimal zu Gast auf der *Blogfamilia* – der Elternblogger-Konferenz – in Berlin. Alle Männer, denen ich da begegnen durfte, ob Organisator oder Redner, waren ganz anders als oben beschrieben. Viele waren mein Jahrgang, mit tollen und noch tolleren Frauen verheiratet, und sie machten in ihrer Art der Kommunikation keinen Unterschied im Geschlecht. (Später finden Sie genau mit diesen Herren noch ein Interview.)

2. Leider ist das Platzhirsch-Neid-Gehabe nicht nur bei Männern zu erleben, sondern – und das nicht selten – auch bei Frauen. Anders, subtiler, aber trotzdem unterm Strich mit der gleichen Intension: sein Gegenüber kleinzuhalten.

Erklärbären

Wir wohnen in einem denkmalgeschützten Vierkanthof. Und ja, das ist genauso schön, wie es sich anhört.

An unserer Außenfassade ist die Denkmalplakette des Landes NRW angebracht.

Als Constantin die Plakette zum ersten Mal sah, rief er erstaunt:

»Boah, Max, krass, guck mal! Hier hat schon Bayer Leverkusen gespielt!«

Der große Bruder legte verständig den Kopf zur Seite und tätschelte seinem kleinen Bruder den Kopf:

»Ach, Constantin, dafür steht das Zeichen doch gar nicht. Das ist unser Familienwappen.«

Der noch verständigere Opa legte nach:

»Jungs, das ist eine Denkmalplakette, und wenn sich eure Oma ein bisschen Mühe gibt, bekommt sie auch bald so eine.«

Meine Jungs, ob groß, ob klein, erklären sich gegenseitig, ihrer gesamten Umwelt und vor allem mir gerne die Welt.

Es ist eine spezielle Welt, aber von Zeit zu Zeit tauche ich gerne in ihr ab.

So auch, wenn die Leute eine Straße weiter ihre Begeisterung für den Schützensport kundtun, indem sie ihr Haus von oben bis unten mit grünen Fähnchen schmücken.

Max hat dafür natürlich prompt eine Erklärung:

»Mama, hier wohnen ja die Scharfschützen!«

So, nun wissen Sie das auch.

Aber, liebe Herren der Schöpfung – und Achtung, jetzt tut's weh, aber es muss raus: Ihr habt – es sei denn, ihr seid Lehrer oder Professor oder so süß wie meine kleinen Jungs – uns Frauen gegenüber keinen Bildungsauftrag!

Lieber Papa, lieber Hase, das gilt auch für euch.

Es ist rührend, dass ihr meint, es sei so. Aber de facto ist es das gar nicht.

Weder das Mülltrennen noch die Art und Weise zu shoppen und auch nicht, wie wir unseren Job zu machen haben, müsst ihr uns erklären.

Aber vielleicht ist das Erklärbär-Syndrom auch genetisch bedingt, und ihr könnt gar nicht anders.

Ich gehe mal zurück in meine Kindheit. Als Jahrgang 1982 haben wir also die späten 80er- und die 90er-Jahre vor Augen. Wenn ich abends – oder sonntagmorgens – die *Kinderstunde* anschaltete, war die voller Erklärbären. Nehmen wir nur mal *Löwenzahn*.

Kennen Sie die Sendung noch?

Mit Peter Lustig aus dem Bauwagen, der ganz offen und gemütlich in seiner blauen Latzhose durch die Weltgeschichte wanderte und jede Menge kluger Fragen stellte? Habe ich geliebt. Bis heute.

Peter Lustig war ein Mann.

Der heutige Moderator Guido Hammesfahr: toller Typ.

Ein Mann.

Oder nehmen wir den Li-La-Launebären. Den habe ich *noch* mehr geliebt! Sowohl Bär als auch Moderator: männlich.

Oder Samson aus der *Sesamstraße*. Gespielt von Peter Röders. Es gab zwar auch Tiffy und Lilo, aber mehr Gewicht im wahrsten Sinne des Wortes hatte definitiv der große, braune Zottelbär. »Kinderquatsch mit Michael«. Alles Männer.

Auch in Zeichentrickserien wie *Darkwing Duck, Chip und Chap, Käpt'n Balu und seine tollkühne Crew* oder *Marco* waren die Anführer der Abenteuer immer Jungs. Chip und Chap und Käpt'n Balu hatten immerhin Frauen dabei, wenn auch nur als zweite Geige.

Selbst mein über alles geliebter Alf: männlich.

Ich schreibe das hier übrigens ganz wertfrei und möchte keinesfalls Alf den *Gender Pay Gap* in die Schuhe schieben. Ich beobachte nur.

Aber offenbar wurde zumindest den Frauen meiner Generation von Kindheitstagen an suggeriert, dass uns die Männer selbstverständlich die Welt erklären. Und dabei waren die 90er- gegenüber den 60er-Jahren schon höchst modern und aufgeklärt!

Und wie ist es heute? Wer erklärt uns heute die Welt?

Gott sei Dank haben wir schon seit (oder erst?) 1976 eine Tagesschausprecher*in*. Dagmar Berghoff war die erste Frau, die uns die Nachrichten vorlesen durfte. Ihr sind viele gefolgt.

Ich habe die Publikumsreaktionen darauf logischerweise nicht miterlebt. Höre ich mir jedoch an, was genau vierzig Jahre später über die erste EM-Kommentatorin Deutschlands gesagt wird, kann ich mir die Resonanz von damals selbst zusammenreimen.

Fühlen sich Männer von Frauen bedroht, die ihnen »etwas zu sagen« haben?

Ich frage zu diesem Thema eine Frau, die sich damit bestens auskennt. Sabine Asgodom ist die wohl anerkannteste Management-Trainerin Deutschlands, Top-Speakerin, Buchautorin und vieles mehr.

Als Rednerin und Coach ist sie berühmt, aber dass sie 1972 als eine der ersten Fußballschiedsrichterinnen auf den Plan trat, wissen die wenigsten.

Liebe Frau Asgodom, haben die Männer Sie auf dem Fußball-platz mit Respekt behandelt?
Ja.

Ach, guck! Wirklich? Woran hat das gelegen?
An der Pfeife.

Hahaha, brauchen wir Frauen die also im Umgang mit Män-nern?
Aus meiner Erfahrung heraus, hören Männer auf Autoritä-ten. Und auf klare Ansagen: »Auf die Barrikaden, Revolu-tionäre!« Und die Männer rennen los. Bei »Wer von euch hätte Lust, mit uns ein bisschen Revolution zu machen?« sicher weniger. Klare Ansagen, eine klare Haltung und die innere Überzeugung zählen.

Was haben Sie aus dieser Erfahrung gelernt?
Alles, was ich fürs Leben brauchte.
Vor vielen Jahren hielt ich einen Vortrag vor Steuerberatern. Ich wollte die Gruppe mitnehmen auf eine Visionsreise und sagte: »Setzen Sie sich bitte gerade hin.« Zack. Machten die Männer alle. »Schließen Sie bitte die Augen.« Zack. Alle Augen zu. Es ist die Bestimmtheit, die Männer zugänglich macht.
Bei Frauen brauche ich für dieselbe Anweisung nur mit an-deren Worten mehrere Minuten: »Es wäre schön, wenn jetzt alle die Augen schließen würden.«

Stimmt, das ist auch meine Erfahrung. Wir verpacken gerne.
Nicht nur Geschenke, sondern auch unsere Aussagen. In lieb
und nett und freundlich, damit sich ja keiner angegriffen fühlt.
Falsche Diplomatie ist bei Männern fehl am Platz. Für seine
Überzeugungen einstehen, das ist hier gefragt. Ich gebe Ihnen ein Beispiel. Mir erzählte mal ein sehr erfolgreicher
Mann im Vorstand Folgendes: »Wenn ein Mann und eine
Frau nacheinander zu mir kommen und eine Gehaltserhöhung verlangen, dann muss ich Ihnen sagen, dass der Mann
sie bekommt. Die Frau nicht.« Ich bin bei seinen Worten
fast ausgeflippt. Doch er fuhr fort: »Hören Sie doch bitte
erst meine Begründung. Wenn ich sie dem Mann nicht
gebe, dann weiß ich: Der geht. Der sucht sich einen anderen, besser bezahlten Job. Die Frau bleibt und arbeitet genauso weiter wie vorher, wenn nicht gar besser.«
Er hat recht. Er hat leider recht. Frauen sind sehr häufig aus
Unsicherheit zusammengesetzt. Und das, obwohl sie so häufig »besser« sind.

Liebe Frau Asgodom, haben Sie in Ihrem Leben mal etwas
nicht bekommen, weil Sie eine Frau sind?
Nein. Aber ich habe Dinge nicht bekommen, weil ich eine
dicke Frau bin. Ich habe das Bundesverdienstkreuz erhalten
und bin von der German Speakers Association in die »Hall
of Fame« aufgenommen worden. Aber ich wäre, trotz neun
Jahren harter und guter Arbeit, niemals Chefredakteurin eines großen deutschen Frauenmagazins geworden, weil es in
den 90er-Jahren ein ungeschriebenes Gesetz war, dass das
niemals eine dicke Frau werden kann.

Was haben Sie daraufhin gemacht?
Gekündigt.

Bäm! Und damit sind wir wieder beim Thema »innere Haltung«. Sie hätten ja auch in Selbstmitleid zerfließen können nach dem Motto: ›Die Bösen da draußen‹ …

Dafür bin ich nicht der Typ. Ich akzeptiere Frauen, die sich aus Männerdomänen heraushalten und nicht mit ihnen gleichziehen wollen. Aber aus meiner Sicht brauchen sie sich dann nicht zu wundern, wenn sie nicht weiterkommen. Ich habe mich immer daran orientiert, was Männer bekommen und wie sie das machen. Ich habe mich beispielsweise nach den »männlichen« Gagen orientiert und wahrgenommen, dass Männern Statussymbole wichtig sind. Was wir nicht ändern können, müssen wir annehmen.

Und hier schließt sich der Kreis zur Resilienz wieder. Zur immerwährenden Frage: Was musst du annehmen, was kannst du ändern?

Was sind Ihre drei ultimativen Überlebensstrategien?
Wobei Sie sie eher als Techniken sehen würden, nehme ich an.

Stimmt genau. Mir hat geholfen:
• Mit Männern konkurrieren!
• Keine falsche Diplomatie. Keine Wischiwaschi-Formulierungen, sondern die eigene Überzeugung leben.
• Männer verblüffen. Ich sehe die männlichen Kollegen in den Teppich beißen und dabei denken: »Wie die kleine, dicke Frau DAS schaffen kann!?!«

Herrlich, oder?
Sabine Asgodom spielt das Spiel einfach mit. Sie hat die Regeln erkannt, nicht alle gefallen ihr, aber sie spielt mit. Sonst

bleiben wir nämlich auf der Bank sitzen und dürfen eben nicht auf den Platz. Bekommen keine Chance, unser Talent und unsere Kompetenz zu zeigen.

Ich bin da ganz bei ihr.

Und jetzt kommt ein Kapitel, von dem ich lange überlegt habe, ob ich Ihnen noch mitten in meiner beruflichen Laufbahn davon erzählen sollte ...

Ich habe mich für Ja entschieden.

Ich verrate Ihnen jetzt, wie *ich* am Anfang lernen musste, mitzuspielen.

Regeln?!

Ich hasse es, meine Steuer zu machen. Damit bin ich bestimmt nicht allein. Erst recht nicht allein unter Künstlern. Ich bin eine ehrliche Haut, und, glauben Sie es mir, ich lege mich gerne mit Behörden, insbesondere Krankenkassen, an (nicht wahr, liebe *Piiiiiiep?*). Aber mit dem Finanzamt möchte ich es mir nicht verscherzen. Da bin ich überkorrekt.

So korrekt, dass ich meine Bewirtungsbelege stets *ehrlich* ausfülle.

Ich bin in den seltensten Fällen allein auf Tour. Meist begleiten mich ganz wundervolle Herren und unterstützen mich, wo es geht. Diese sogenannten Tourmanager kümmern sich um alles. Die wissen, wo es hingeht, was ich da machen muss, wie lange wir bleiben und so weiter. Es sind quasi meine Betreuer. Ab und an, Sie werden es nicht glauben, haben wir Hunger. Zwei arbeitende Menschen haben Hunger. Und was machen wir: Wir gehen essen. Bis hierhin: alles klar.

Natürlich lasse ich mir einen Bewirtungsbeleg geben, es ist eine geschäftliche Reise von zwei Personen, die in einem geschäftlichen Verhältnis zueinander stehen. Sie kennen diese Belege, nicht wahr? Man trägt die Namen der Anwesenden und den Bewirtungsgrund ein.

Und was mache ich? Ich halte mich an die Wahrheit und notiere als Grund »Hunger«. Noch mal zum Mitschreiben: Zwei beruflich miteinander verbundene Menschen, die den ganzen Tag über *Berufliches* miteinander bequatschen, auch beim Essen!, haben Hunger.

Als wir gemeinsam meine Belege durchgehen, bekommt meine Steuerberaterin einen Riesenlachanfall, der sich nur durch meinen Einwurf »Hunger *und* Durst« noch toppen lässt.

Ich: »Was ist denn so witzig?«

Sie: »Das kannst du so nicht schreiben?«

Ich: »Warum nicht? Ist doch die Wahrheit.«

Sie: »Ja, aber das akzeptiert das Finanzamt nicht.«

Ich: »Aber es ist die Wahrheit.«

Das Ende vom Lied ist, dass ich da jetzt Dinge wie »Tourplanung« reinschreibe. Stimmt ja auch. Aber der eigentliche Grund des Essengehens ist und bleibt doch der Hunger.

Das System, in diesem konkreten Fall das Finanzamt, möchte aber eben anderes hören.

So. Da ich nun nicht in der Politik bin, kann ich das System nicht ändern. Ähnlich wie Frau Asgodom sagt: Ich mache die Regeln nicht, die habe ich also nicht in der Hand. Ob ich bei dem Spiel mitspiele, aber sehr wohl. Auch mir gefallen ganz viele Regeln nicht. Ich habe aber weder das Nervenkostüm noch die Zeit, das System zu ändern. Also spiele ich mit. Nach den aufgestellten Regeln.

Also schreibe ich »Tourplanung« auf meinen Bewirtungsbeleg.

Gleiches Prinzip, andere Geschichte:

Am Anfang meiner Selbstständigkeit hatte ich häufig das Problem, meine Gage durchzusetzen. Denn ich habe mich, ebenso wie Frau Asgodom, an den »männlichen« Gagen orientiert. Nicht selten bekam ich (insbesondere von Frauen) zu hören: »So viel Budget haben wir nicht«, oder auch gerne mal: »Eigentlich bezahlen wir dafür nie Gage. Dafür sitzen aber viele Entscheidungsträger im Publikum …« (Darüber schrieb ich bereits in der *Schlagfertigkeitsqueen*.)

Auch hier galt: Ich habe die Regeln nicht gemacht, aber ich musste einen Weg finden, mitzuspielen.

Damals hatte ich noch kein Management, das für mich verhandelte, also erfand ich kurzerhand eins. Ich richtete eine gefakte E-Mail-Adresse ein und, schwupp, war ich plötzlich Thorsten Schmitz, der meine Gage aushandelte. Das wohl sinnvollste Geschenk, das Max jemals zu seinem Geburtstag bekommen hat, war ein kleiner, popeliger Stimmenversteller …

Siehe da: Telefonierten die Auftraggeber nicht mehr mit mir, sondern mit Herrn Schmitz, waren die Verhandlungen plötzlich kinderleicht. Denn Herr Schmitz, das sag ich Ihnen, der war knallhart. *Ich* wäre ja wirklich gerne für Summe XY aufgetreten, aber das ließ Herr Schmitz leeeeider nicht zu.

Kinders, schon meine Oma sagte immer: »Du hast nur deine Arbeitskraft zu verkaufen.« Und was soll ich sagen? Leider funktionierte es plötzlich reibungslos.

Ich war an meine Grenzen gekommen. Aber der Schmitz sprang locker über diese hinweg.

Mir wäre es viel lieber gewesen, ich hätte als Frau ab Tag eins meine Gage durchgesetzt bekommen, weil ich *gut* bin. Ich bin gut auf der Bühne. Punkt. Wenn ich davon nicht überzeugt wäre, gehörte ich da nicht hin.

Noch mal: Mir gefällt das bis heute nicht. Und *auch* noch mal: Ich mache die Regeln nicht, aber ich will eben mitspielen.

Liebe Ladys, wie soll ich diese Überlebensstrategie bloß nennen? Die Wahrheit wäre wohl: Wenn das System verlangt, veräppelt zu werden, dann erfülle ihm den Wunsch.

Formulieren wir es etwas systemtauglicher:

Überlebensstrategien:

- Was du nicht ändern kannst, musst du so lange drehen, bis es passt.
- Es müssen dir nicht alle Regeln aus dem Spiel gefallen, um es mitzuspielen.

Wer zahlt?

In diesem Kapitel geht es nicht darum, wer beim ersten Date zahlen sollte. Ich persönlich, auch wenn mein erstes Date schon eine Weile zurückliegt, bin da ganz klassisch aufgestellt. Soll heißen, ich fühle mich nicht gekränkt, wenn mich ein Mann zum Essen einlädt. Aber umgekehrt habe ich auch kein Problem damit, zu zahlen.

Nein, in diesem Kapitel geht es darum, dass es scheinbar noch nicht in allen Branchen angekommen ist, dass wir Frauen über ein eigenes Budget verfügen. Zumindest viele von uns. Wir verdienen unser eigenes Geld und dürfen darüber auch frei entscheiden.

Eine gute Freundin, nicht verheiratet, aber liiert, Mitte fünfzig, gehobene Position im kaufmännischen Bereich, besuchte mit ihrem Lebensgefährten ein sehr edles Juweliergeschäft. »Ich hatte im Schaufenster eine wirklich wunderschöne Uhr entdeckt, und wir sind spontan reingegangen«, erzählt sie mir.

Es war eine mit Brillanten verzierte Uhr für knapp fünftausend Euro. Ein Luxusobjekt. Ob man sich so was leisten will, kann, darf, soll, muss, will ich an dieser Stelle nicht diskutieren, denn: jeder so, wie er mag.

»Hach, die sah am Arm noch schöner aus, und ich war hin- und hergerissen. Ich hätte sie mir leisten können, aber so eine Summe … Das schlechte Gewissen saß mir direkt auf der Schulter, kannst du dir vorstellen.«

Der Verkäufer beobachtete die beiden eine Weile und kam dann dazu:

»Vielleicht kann ich Ihnen die Entscheidung erleichtern, denn ein bisschen was kann ich am Preis noch machen«, sagte er, während er den Taschenrechner zur Hand nahm.

Hoch geheimnisvoll zeigte der Verkäufer den neuen Preis auf dem Display.

Aber nicht meiner Freundin, sondern ihrem Lebensgefährten!

»Ach, das gibt's doch nicht!« Ich bin baff, habe aber eine Lösung parat: »Der Verkäufer war bestimmt schon älter, oder?«

»Nein, ganz jung, keine vierzig. Es stand für ihn außer Frage, dass ich mir die Uhr selbst kaufen wollte.«

»Und was hast du gemacht?«

»Ich brauchte ein paar Sekunden, bis ich das kapiert hatte. Dann habe ich meinen Kopf betont überstreckt in der Hoffnung, dass es ihm auffällt.«

»Und, ist es ihm aufgefallen?«

»Nein. Ich war ganz klar nicht sein Gesprächspartner bei diesem Geschäft.«

»Wie ging die Geschichte aus?«

»Ich habe die Uhr nicht gekauft. Das war mir zu blöd. Wo soll ich denn da anfangen?«

Ja, liebe Ladys, wo sollen wir anfangen?

Ich vermute, dass der Verkäufer genau darauf geschult war, und ich vermute ebenso, dass dieses Verhalten auf Erfahrungen der Branche beruht.

Eine Dame im Seminar berichtete mir vor Jahren:

»Ich war in einem großen Autohaus und wollte mir einen neuen Kleinwagen kaufen. Es hat ewig gedauert, bis ein Verkäufer zu mir kam. Er hat mir dann alles gezeigt, aber als ich auf den Preis zu sprechen kommen wollte, fragte er um sich blickend: ›Wo ist denn Ihr Mann? Dann bespreche ich das mit ihm.‹«

Diese Geschichte hat mich so beeindruckt, dass ich sie als Übungsaufgabe mit in meine Seminare nehme.

Die Aufgabe: »Finden Sie schlagfertige Antworten auf diese Frechheit!«

Hier die Top-Antworten, die im Laufe der Zeit zusammengekommen sind:

»Ach, ich wusste gar nicht, dass der auch ein Auto kaufen will.« (= nicht deuten, nur das Gesagte kommentieren)

»Der ist zu Hause und macht die Wäsche.« (= siehe oben mit einer Spur Übertreibung)

Mein persönliches Highlight:

»Wo ist denn bitte Ihre Chefin? Dann bespreche ich das mit ihr.« (= der Gegenkonter, unbedingt in ganz lockerem Tonfall!)

Aber was liegt einem solchen Verhalten zugrunde?

Vielleicht verirrte Einzelfälle oder eben doch die Konsequenz aus jahrelanger Erfahrung?

Ahnen Sie, worauf ich hinauswill? Auf ein schwieriges, ja, verdammt schwieriges Thema. Aber ich fürchte, wir kommen nicht darum herum …

4 + 4 = 8, oder?

Bevor wir uns dem haarigen Thema widmen, möchte ich Ihnen zum Einstieg eine kleine Geschichte erzählen. Wenn Sie schon mal in einer meiner Leseshows waren, können Sie vorblättern, denn dann kennen Sie die Geschichte.

Aber wissen Sie, was? Lesen Sie sie doch sicherheitshalber noch mal, Sie haben schließlich dafür be*zahlt* (Achtung, Andeutung!).

Meine beiden Jungs besuchen die Waldorfschule.

Falls Sie das Buch jetzt umtauschen wollen, nur zu. Aber dann verpassen Sie den besten Teil, in dem ich nämlich meinen Namen tanze. Ach nee, stopp, das kann ich tatsächlich gar nicht. Das ist nämlich eine hoch komplizierte Geschichte, diese Eurythmie. Auf deren Sinn oder Unsinn brauchen wir jetzt nicht einzugehen, lassen Sie mich nur loswerden: Ich habe noch nie von einem Krieg gehört, der aufgrund zweier tanzender Menschen begonnen hätte. Im Gegenteil. Ich glaube sogar, wenn Donald Trump in seiner Kindheit und Jugend ein bisschen mehr gesungen und getanzt hätte, wäre uns heute viel erspart geblieben.

Zurück zur Waldorfschule. Weder mein Mann noch ich haben eine anthroposophische Schule besucht, und wir beide hatten bis zum Tag X auch keinerlei Berührungspunkte mit dieser Weltanschauung bis auf die Tatsache, dass besagte Schule in dem Ort ansässig war, in dem wir damals wohnten.

»Meine Güte, was ist denn hier los?«, fragte ich meinen Mann, als wir an Menschenmassen vorbeifuhren.

»Die Waldorfschule hat heute ›Tag der offenen Tür‹«, antwortete er mir.

»So viele interessieren sich für Singen und Klatschen, das ist ja nicht zu fassen!«

»Sollen wir auch mal gucken?«

»Hä?« Apropos »gucken«: Ich guckte ihn ungläubig an.

»Na ja, bei Max steht die Entscheidung bald an, und gucken könnten wir doch mal.«

»Ich wusste nicht, dass es zur Diskussion steht, zum Abitur zu tanzen«, entgegnete ich vorurteilsbelastetes Damenwesen.

»Ach, komm, da pilgern so viele hin, und die meisten sehen ganz normal aus. Wir haben doch gerade Zeit.«

Wie dankbar ich noch heute meinem Hasen für diese Überredung bin …

Allein das Schulgelände hat uns umgehauen. Diese Architektur, die ganze Anlage, die gepflegten Klassenräume, diese friedvolle Atmosphäre. Um meinen Mann war es geschehen, als er die Werkräume sah, und um mich, als ich die Kunstgegenstände der Schüler betrachten durfte. Von da an fing ich an, mich einzulesen, schlauzumachen und siehe da, meine Vorurteile schienen unbegründet. Meine Assoziationen zu Waldorfschule waren: Sekte, Namen tanzen, Filz. Also, die letzten beiden Punkte stimmen natürlich, aber das kann ich heute anders einordnen.

Ich will Sie hier nicht bekehren, keine Sorge! Ich möchte Ihnen nur gerne von dem Moment erzählen, in dem ich in den Raum rief:

»Ich hätte gerne das Anmeldeformular!«

Wenn man sich als Elternteil für diese Schulform interessiert, begibt man sich in einen recht aufwendigen Bewerbungsprozess. Dazu gehören unter anderem ein paar Fachvorträge über die Herangehensweise der Waldorfpädagogik. Einer der besagten Abendvorträge wurde von dem Mathelehrer gehalten, der mich spontan an Professor Dumbledore erinnerte. Der aber begrüßte uns nicht mit »Wingardium Leviosa«, sondern schrieb stumm folgende Aufgabe an die Tafel:

»$4 + 4 = \ldots$«

Danach drehte er sich bedeutungsvoll zu uns interessierten Eltern um.

»Hase, wenn der jetzt ›9‹ schreibt, dann gehen wir aber, okay?«

»Psst, jetzt warte doch mal ab!«

»Nee, da brauche ich nicht zu warten. Bei neun bin ich raus, bei aller Toleranz«, meckerte ich vor mich hin.

»Vier und vier ist acht«, startete Professor Dumbledore. »In jeder pädagogischen Form. Überall auf der Welt. Das bekommen wir hier auch nicht weggetanzt.«

In diesem Moment nahm ich meine heftigst verschränkten Arme ganz leicht auseinander. Dumbledore hatte Humor. Ach, guck an …

»Wenn wir die Aufgaben – des Lebens – aber so stellen, dann ist die Chance, dass die Kinder falschliegen, relativ groß. Neun ist falsch, sieben ist falsch, nur acht ist richtig. Es gibt nur eine einzige richtige Lösung. Wir versuchen hier, die Aufgaben ein bisschen anders zu stellen.« Und dann drehte er sich wieder zur Tafel um und schrieb:

»$8 = 10 - 2$ oder $16 : 2$ oder $2 + 2 + 2 + 2$ oder $400 - 392 \ldots$«

Dumbledore schrieb fünfzig (!) verschiedene Möglichkeiten auf, um zur Acht zu kommen.

Und da, meine Damen, genau da war der Punkt gekommen,

an dem die voreingenommene Kwien ihre gesamte bisherige Lebensweise hinterfragte. Nennen Sie es gerne »mein Schlüsselmoment«. Dieser Abend ist jetzt sieben Jahre her, und Sie sehen: Ich habe ihn nicht vergessen.

Wenn wir die Acht jetzt mal mit Lebensglück gleichsetzen, dann ist es also uns überlassen, wie wir dazu kommen. Ob mit Plus, Mal, Minus, Geteilt oder was auch immer. Vielleicht möchten wir auch montags Plus und donnerstags Mal.

Fakt ist, die Wege zur Acht sind so vielfältig, wie wir Menschen es sind. Es gibt nicht den *einen* richtigen Weg, der für *alle* gilt.

Im Prinzip ist das die Kernaussage all meiner Bücher, insbesondere der *Stehaufqueen*. Es gibt eben nicht DEN Weg, der aus einer Krise führt. Jeder braucht etwas anderes. Und ganz viele Familien brauchen bestimmt die klare Regelschule, die nach einem anderen System arbeitet. Meine Kinder – und Achtung, das ist meine Sicht als Mama *heute,* wir sprechen uns in zwanzig Jahren noch mal – sollen Spaß am Lernen haben und morgens gerne in die Schule gehen. Sie sollen so aufwachsen, dass sie alles hinterfragen und für sich einordnen dürfen. Und ich möchte, dass meine Kinder von Menschen gelehrt werden, die sagen: »Wer sagt denn, dass Algebra wichtiger ist als Bildhauern?« Ja, wer sagt das denn? Diejenigen, die heute an der »Macht« sind. Sehen Sie, und da sagt mir eben meine Acht, dass hier irgendwas nicht stimmt. Zurück zum Punkt. Dieses Kapitel soll keine Debatte zum deutschen Schulsystem lostreten, so viele Seiten stehen mir gar nicht zur Verfügung. Nein, ich wollte nur auf die Acht hinaus.

Ihre ganz persönliche Acht, IHR ganz persönliches Glück ist eine hoch individuelle Kiste. Lassen Sie sich nichts anderes einreden! Auch von mir nicht. Hinterfragen Sie alles für sich. Aber es ist wichtig, dass eben *Sie* das tun. Nicht andere für Sie. Wir sollten kein Fähnchen im Wind sein, das erst am Ende seines Lebens erkennt, dass wir es eigentlich anders schöner gefunden hätten.

Aber die individuelle Acht zu finden ist nicht so einfach. Denn sie wird gerne von der Gesellschaft vorgegeben, manchmal sogar subventioniert.

Auf Grundlage dieser individuellen Acht schlagen wir jetzt den Bogen zu dem Thema, auf das ich gerne mit Ihnen hinauswill.

Money, Money, Money

Claudia und Thomas lernten sich im Studium kennen. Claudia, 23, Jurastudentin mit dem Ziel, Rechtsanwältin zu werden, und Thomas 29, der kurz vor dem Zweiten Staatsexamen stand. Die beiden verliebten sich ineinander. Thomas, das stand fest, würde die Kanzlei seines Vaters übernehmen. Claudia liebte ihn gerade für seine Zielstrebigkeit und für seine genaue Vorstellung vom Leben.

»Er wusste immer, was er wollte. Das fand ich enorm sexy.«
Und Thomas wollte das volle Programm mit Claudia. Heiraten, Häuschen, zwei Kinder.

Die Lebensziele in unserer Gesellschaft haben sich im Laufe der letzten fünfzig Jahre kaum verändert. Die wenigsten Menschen antworten auf die Frage nach ihrem Lebensziel mit »Geld«. Die Lebensziele der meisten von uns sind denen von Thomas sehr ähnlich.

»Ich weiß nicht genau, wann ich mich verloren habe. Vielleicht war es ein schleichender Prozess.«

Claudia hat ihr Erstes Staatsexamen noch gemacht, dann wurde sie schwanger.

»Ach, Schatz, du brauchst nicht zu arbeiten. Ich kann die Familie allein ernähren. Unsere kleine Maus hat doch verdient, dass du bei ihr bleibst, findest du nicht? Und ich kann es uns sogar ermöglichen«, ermunterte Thomas sie damals. Und das garantiert mit den besten, allerbesten Absichten.

Vielleicht ist es aber auch eine Art von Macht, die Männer heute noch zeigen können. Es gibt eben immer weniger Säbelzahntiger, vor denen es die Lieben zu beschützen gilt. Vielleicht ist der heutige Säbelzahntiger die Karriere und die Waffe der »Meine Frau muss nicht arbeiten«-Satz.

Ich weiß nur, dass mir Claudia erzählte, dass alles wie in einem schönen Traum gewesen sei. Sie blieb daheim, auf das erste Kind folgte das zweite, das Haus war das größte in der Neubausiedlung, und Claudias Aufgaben waren mit Heim, Kindern und Meinem-Mann-den-Rücken-Freihalten klar definiert.

Thomas legte eine beeindruckende Karriere aufs Parkett und betonte auf jeder Abendgesellschaft, dass das ohne seine Frau nicht möglich gewesen wäre. Wie in einem abgedroschenen Hollywood-Film.

Heute ist Claudia Ende fünfzig, und die Kinder sind lange aus dem Haus. Wie Thomas übrigens auch. Denn Thomas eröffnete *seiner* Claudia, da waren die Kinder 17 und 20, dass er die Liebe seines Lebens gefunden habe und diese ein Kind von ihm erwarte. Er habe das nicht geplant, es sei einfach so passiert … Bla, bla, bla … Ich sag ja: wie im Film, leider in diesem Fall ohne Leinwand.

»Wie ging es dann weiter, Claudia?«

»Das Unterhaltsrecht ist mittlerweile so aufgestellt, dass jeder Ehepartner – wenn die Kinder groß sind – für sich allein aufkommen muss. Und da stand ich nun. Mit nix in der Hand.«

»Du bist also damals nie wieder arbeiten gegangen?«

»Nein.«

»Warum nicht?«

»Du reißt mir den Kopf ab, wenn ich dir das sage!«

»Garantiert nicht.«

»Okay, die ehrliche Antwort: Das passte nicht in die Kreise, in denen wir unterwegs waren. Da ging keine Frau arbeiten. Das war das interne Zeichen für ›Mein Mann verdient so viel‹.«

»Und du hast da mitgespielt?«

»Ja. Und das, obwohl ich die letzten Jahre schon alles andere als glücklich war. Ich habe mich einfach nicht getraut auszubrechen.«

»Wie sieht dein Leben heute aus?«

»Thomas bezahlt mir Unterhalt, weil er mich nicht hängen lassen will. Und ich bin auf der Suche nach einem Job. Aber, was glaubst du, gibt es da für mich? Nichts. Allenfalls einen 450-Euro-Job. Und wenn ich erst an meine Rente denke, wird mir schlecht.«

»Wenn du noch mal die Gelegenheit bekämst, was würdest du anders machen?«

»Ich würde zu Ende studieren, würde meinen Weg gehen und bestimmt trotzdem heiraten und Kinder bekommen. Aber ich würde weiterarbeiten. Ich kann heute nicht mehr verstehen, wie ich mich selbst so verlieren konnte. Und das brauche ich Thomas nicht in die Schuhe zu schieben, ich bin schließlich eine selbstbestimmte Frau.«

Jetzt werden beim Lesen die »Jüngeren« unter Ihnen bestimmt kopfschüttelnd gesagt haben:

»Jaja, so war das früher. Da waren die Frauen das Heimchen am Herd. Wie gut, dass sich die Zeiten geändert haben.«

Claudia ist Jahrgang 1961.

Spulen wir die Zeit vor auf heute.

Gleiches Setting mit Kennenlernen an der Uni.

Wie würde die Geschichte heute verlaufen?

Claudia studiert zu Ende, heiratet trotzdem Thomas, und sie

bekommen Kinder. Sie stehen vor der Entscheidung: Wer geht in Elternzeit? Sie wägen ernsthaft ab, weil Thomas auch Lust hätte und es sich gut vorstellen könnte, aber am Ende macht es Claudia. Weil Thomas ja gerade die Firma übernommen hat.

Nach einem Jahr möchte Claudia zwar gerne wieder einsteigen, und auch Thomas ist ganz ihrer Meinung, aber da die beiden gemeinsam veranlagt sind und Thomas nun mal mehr verdient, »lohnt« sich der Teilzeiteinstieg von Claudia eigentlich nicht. Denn aufgrund des Ehegattensplittings und der immensen Betreuungskosten des Kindes würde Claudia für relativ wenig Geld arbeiten gehen. Spritkosten noch nicht mit eingerechnet.

Die beiden sind sich also schnell einig: Da bleibt die Kleine doch lieber noch daheim bei Mama.

Alle Nachbarn und Freunde nicken diese Entscheidung liebevoll ab.

»Ist ja auch bekannt, dass die ersten drei Jahre entscheidend sind ...«

Und wie das Leben so spielt, kündigt sich bald schon Kind Nummer zwei an, und Claudias Pause verlängert sich um weitere Jahre.

Weil das Ehegattensplitting nach wie vor dafür sorgt, dass sich ein fester Job für Claudia nicht rechnet, steigt sie später in Thomas' Firma als 450-Euro-Kraft ein.

»Das Geld haben wir netto in der Hand, und ich bleibe im Job. Tolle Lösung!«, sagt Claudia.

Die 450 Euro müssen nämlich nicht versteuert werden, und Claudias Arbeitsaufwand ist verhältnismäßig gering, Thomas kann sie sogar als Betriebsausgabe absetzen.

Nach fünf Jahren will Claudia wieder in Teilzeit einsteigen, merkt aber, dass in anderen Kanzleien die Jobs nach so einer langen Pause nicht auf der Straße liegen. Weil sie jedoch ungern bei ihrem Mann in der Kanzlei bleiben möchte, verkauft sie sich in einer anderen Kanzlei unter Wert.

Womit wir (fast) wieder genau da gelandet sind, wo die Claudia von 1961 heute steht. Spannend, wie es wohl weitergeht ...

Jedem seine Acht

Ist es heute wirklich noch ein Luxusgut, wenn Frau sagt: »Ich brauche nicht arbeiten zu gehen.«

Als ich eine junge Mama war, habe ich viele solcher Gespräche in den PEKiP-Gruppen dieser Welt geführt.

»Weißt du, ich kann ja drei Jahre zu Hause bleiben!«

Und das sind übrigens Sätze, die unter Frauen fallen und nicht von den Herren der Schöpfung kommen.

Ist es für uns Frauen gesellschaftlich noch wichtig, einen gut betuchten Mann abzubekommen?

Es macht höchstwahrscheinlich auch heute noch einen Unterschied, ob der Chef seine Sekretärin heiratet oder andersherum.

Woran liegt das?

Vielleicht liegt die Krux schon in dem Begriff »Arbeit« oder zumindest in dem, was damit assoziiert wird.

Wenn mir heute einer anbieten würde: »Du kannst drei Jahre zu Hause bleiben und musst nicht arbeiten« – ich würde in eine mittelschwere Depression verfallen.

Ich persönlich trenne die Begriffe aber auch nicht. »Arbeit« und »Privates«, das ist alles eins, das ist mein Leben. Das ist meine Acht.

Und wenn ich die Zeit Revue passieren lasse, dann habe ich in den letzten fünf Jahren nach meinem Empfinden vielleicht nur zehn Tage »gearbeitet«, und das waren die Tage, die der Abgabe meiner Steuererklärung vorangingen.

Vielleicht müssen wir *da* ansetzen.

Wenn uns eine Arbeit erfüllt, dann ist es doch ein Geschenk, dass wir sie ausüben. Und diese Erfüllung nehmen wir mit heim zu unseren Kindern. Andersherum genauso. Sollte eine Frau ihre Acht »nur« im Mamasein finden, ist das doch das größte Geschenk, das es gibt.

Aber wir müssen endlich anfangen, das Nur zu streichen. Denn Mamasein ist wohl der härteste und zugleich am schlechtesten bezahlte Job der Welt. Aber der muss anerkannt werden. Sowohl in der aktiven Zeit als auch später in der Rentenzeit. Es kann und darf nicht sein, dass eine Frau, die erst ihre Kinder großgezogen und später ihre Eltern gepflegt hat, in der eigenen Altersarmut aufwacht!

Meine Arbeit macht mich zu einer besseren Mama, weil ich zufrieden bin. Aber: *meine* Acht! Nicht Ihre. Wenn Sie das anders sehen, super. Ihre Acht.

Schwierig wird es dann, wenn die eine der anderen die Acht überstülpen will.

Und ich bin ganz ehrlich: Es hat solche Situationen in meinem Leben gegeben, die dafür gesorgt haben, dass wir umgezogen sind. Weil die Wisteria Lanes dieser Welt eben oftmals nur einen Lösungsweg akzeptieren, und das ist immer der eigene.

Ich gebe zu: Ich bin nicht täglich bei meinen Kindern. Ich bin eine Mama auf Tour. Es gibt Phasen, da sehe ich meine Jungs drei oder vier Tage am Stück nicht. Gefällt mir auch nicht immer, aber zu Tourzeiten lässt sich das oft nicht vermeiden. Und das war absehbar.

Vor einiger Zeit kristallisierte sich heraus, dass unser Leben in diese Richtung gehen würde. Ich sage bewusst »unser« Leben, weil wir ein Konstrukt sind. Mamas sind immer Teil eines Konstrukts. Übrigens: Ist Ihnen mal aufgefallen, dass die Stimmung in der Familie meist von der Mutter beeinflusst und bestimmt wird? Eine gestresste Mama kann die ganze Familie stressen, aber eine glückliche, ausgeglichene Mutter kann einen schlecht gelaunten Papa rausreißen.

Wir haben familienintern unsere Acht neu definiert und leben jetzt auf einem Mehrgenerationenhof. In erster Linie, damit meine Jungs nicht fremdbetreut werden, sondern Oma oder Opa für sie da sind. Eine hoch persönliche, sehr individuelle Entscheidung. Diese wurde von uns aus dem tiefen Inneren gefällt. Leicht gemacht hat mir diese Entscheidung aber die ein oder andere Bemerkung aus unserer damaligen Nachbarschaft.

Einmal kam ich nach einer Drei-Tage-Reise nach Hause und wollte einfach nur meine Jungs in den Arm nehmen. Rein zuuuuufällig brachte meine Nachbarin genau in dem Moment den Müll raus, in dem ich die Tür aufschließen wollte: »Da bist du ja wieder. Du warst ganz schön lange weg!«

»Ja, stimmt«, meine trockene, bestimmt nicht allzu freundliche Antwort.

»Ob deine Kinder dich überhaupt noch erkennen?« Apropos, der Ton macht die Musik – glauben Sie mir: Der hier ließ keinen Zweifel übrig.

»Du hast mich ja leider auch erkannt, daher bin ich guter Hoffnung.« Und damit war ich durch die Tür.

Ich bin nicht mehr gewillt, mich Menschen gegenüber zu rechtfertigen, die meine Acht einfach nichts angeht und die sie auch nicht nachvollziehen können und wollen. Ich erlaube mir schlicht, kein Urteil mehr über mein Leben von Menschen anzunehmen, die eine ganz andere Acht haben beziehungsweise von dieser womöglich gar nichts wissen. Ich habe dazu keine Lust mehr.

Leider muss ich sagen, dass das oft Sätze sind, die nicht von

Männern, sondern von Frauen ausgesprochen werden. Und glauben Sie mir, ich hatte viele solcher Momente.

Muss das denn sein?

Vorzugsweise waren das Frauen, die vorgaben, suuuper glücklich zu sein und perfekt organisiert und komischerweise gerne ab vier Uhr nachmittags eine Fahne hinter sich herzogen. Deren Acht. Rüttele ich auch nicht dran.

Was ich damit sagen will: Wenn Sie Ihre Acht gefunden haben, dann stellen Sie sich darauf ein, dass man sie Ihnen miesmachen wird.

Wie einfach das Leben wäre, wenn wir Frauen schon flächendeckend den Begriff »Loyalität« für uns entdeckt hätten. Dann könnte eine Begrüßung vielleicht so aussehen: »Hallo! Wie schön, dass du wieder von deiner Tour zurück bist. Ist ja bestimmt Fluch und Segen zugleich. Wenn du mal Hilfe mit den Kindern brauchst: jederzeit. Ihr habt uns ja auch schon so oft geholfen.«

Denn ja, es ist Fluch und Segen zugleich. Nicht nur für mich, sondern für jede berufstätige Mama. Wir tragen alle unseren Rucksack. Aber statt den der anderen neidisch zu beäugen und zu überlegen, wie teuer er wohl war und von welchem Label, könnten wir auch einfach mal reingucken und würden entdecken, dass er – so schön er von außen auch aussehen mag – manchmal ganz schön schweren Inhalt enthält.

Solange Frauen immer noch ein schlechtes Gewissen haben, weil ihnen das von anderen Frauen eingeredet wird, wenn sie wieder Vollzeit arbeiten gehen oder wenn sie mit Kind eben nicht mehr einer (bezahlten) Arbeit nachgehen – ja, wie soll dann der dringende Wunsch entstehen, etwas am *System* zu ändern?

Dieser Wunsch kann doch nur aus einem Loyalitätsgefühl

erwachsen. Wenn wir spüren, dass wir nicht allein, sondern dass wir viele sind.

Und wenn Sie im Büro mit einer Kollegin zusammenarbeiten, die Ihnen gesteht:

»Weißt du was? Zu Hause bleiben, Mama sein und backen, das ist mein Ding, das ist meine Acht«, dann machen Sie ihr kein schlechtes Gewissen, sondern schenken ihr lieber zum Geburtstag eine Jahresration Mehl!

Und wenn wir das geschafft haben, Ladys, wenn wir endlich aufhören, uns gegenseitig die Augen auszukratzen, wenn wir jeder ihren Weg zugestehen und uns einander gegenüber loyal verhalten mit der einzigen Begründung: weil wir Frauen sind!, ja dann, aber erst dann, gelingt es uns vielleicht, ein System zu ändern.

Denn dieses System, das dürfen wir nicht vergessen, ist von Männerhand gemacht und nach wie vor männlich dominiert. Im Fall des Ehegattensplittings übrigens geht es nicht nur darum, Frauen, die nicht arbeiten, zu belohnen, sondern auch, ihnen eine Acht vorzugaukeln, die langfristig oftmals zum Scheitern verurteilt ist. Und wenn ein solches System auch noch mit zig Milliarden Euro im Jahr unterstützt wird, lohnt sich doch spätestens ein genauerer Blick, oder, Ladys?

Ein Augenöffner

W ie?«, werden Sie jetzt sagen. »Wo kommt die Zahl denn her?«

Zeige ich Ihnen.

Als ich noch fest angestellt war, habe ich mir über das Ehegattensplitting keine Gedanken gemacht. Ich empfand das erst mal als eine tolle Sache, weil man – monatlich zumindest – mehr Geld in der Tasche hatte. Und das kann man als junge Familie wirklich gut gebrauchen.

Der Ursprung des Ganzen war ja auch wie so häufig gut gemeint. Die Regierung Adenauer wollte 1958 die Institution Ehe stärken, indem sie verheiratete Paare steuerlich bevorteilte. Bis dahin wurde noch die Gesamtsumme der Einkommen beider Eheleute versteuert. Plötzlich galt: Das Einkommen der Eheleute wird zusammengerechnet, halbiert und dann besteuert.

Die Welt in den 1950er-Jahren war aber eine andere als heute. Heute wird in den Großstädten jede zweite Ehe geschieden, es gibt unverheiratete Paare mit Kindern und unendlich viele Alleinerziehende.

Die Wege hin zu unserer Acht sind hoch individuell.

Unser Steuersystem aber nicht.

Zumindest nicht, wenn wir uns von der Masse, der Subvention, dem Nichtnachdenken und Blindfolgen leiten lassen.

Das Ehegattensplitting verleitet Ehepaare, genau wie auch uns damals, dazu, sich für die Klassen III und V zu entscheiden, und je größer der Gehaltsunterschied ist, desto verlockender ist der Weg dorthin.

Ich befrage Nina Straßner, besser bekannt als »Juramama«, weil mein Wissen hier nicht tief genug in die Materie reicht und weil Nina um einiges intelligenter ist als ich. Sie ist nämlich Rechtsanwältin, Mama und Autorin des Buches »Keine Kinder sind auch keine Lösung«.

Nina, habe ich das bis hierhin richtig erklärt mit dem Ehegattensplitting?

Ja. Und es hat auch noch niemand Kopfschmerzen bekommen. Das ist ja normalerweise die logische Folge bei Worten wie diesen.

Mir ging es wie dir, ich hab mir viel mehr Gedanken über die Farbwahl des Ringkissens bei der Hochzeit gemacht als über die tatsächlichen Folgen dieser Eheschließung und die Route, die wir mit der Familiengründung automatisch nehmen.

Unter anderem hatte ich keine Ahnung, was genau eigentlich beim Heiraten »steuerlich Sinn macht«, und erst recht nicht, dass dieser Sinn mit großer Wahrscheinlichkeit zu meinen Lasten gehen würde. Schon gar nicht hab ich hinterfragt, warum Steuervorteil und Heirat eigentlich überhaupt miteinander zu tun haben und nicht vielmehr Steuervorteil und Kinderhaben. Dabei wusste ich schon relativ lange, dass man auch ohne Trauschein schwanger werden kann. Immerhin etwas …

Das Splitting bietet, das ist wichtig und richtig, einen steuerlichen Vorteil. Den bekommen nur Paare mit Trauschein. Aber: Den steuerlichen Vorteil haben vor allem diejenigen, die möglichst unterschiedlich verdienen. Egal, aus welchen Gründen. Und er rechnet sich letztlich aufseiten desjenigen, der von beiden mehr verdient. Bei ihm bleibt mehr vom Nettoverdienst übrig, er ist also liquider.

Seltsam ist, dass die Einführung des Splittings historisch durchaus mit Kindern begründet wurde, faktisch aber nie an diese gekoppelt war. In den 60ern bis weit in die 70er galten uneheliche Kinder nämlich als Fehler in der Matrix: »Was nicht sein durfte, ist auch nicht passiert.« Nur ehelich gezeugte Kinder waren erbrechtlich und unterhaltsrechtlich wirklich existent. Mütter unehelicher Kinder bekamen oftmals nicht einmal das Sorgerecht – sondern der Staat!

Und aus ebendiesen unfassbaren Zeiten stammt die ganze Logik des Splittings mit all seinen Schlagworten wie »Verantwortung«, »gemeinsam« und »Bund fürs Leben«. Und das ist bis heute unverändert geblieben, während sich das nacheheliche Unterhaltsrecht schon längst zulasten der (Haus-) Frauen geändert hat.

Das Splitting hat nämlich nichts, rein gar nichts mit Kindern zu tun. Wer mit drei Kindern verwitwet ist, verliert den steuerlichen Vorteil des Splittings. Wer verlassen wird, verliert den Vorteil. Wer sich trennt und alleinerziehend ist, wird fast genauso hoch besteuert wie ein Single. Als gäbe es ohne den Ehemann oder die Ehefrau auch die Kosten und die Verantwortung für die Kinder nicht mehr. Das Ganze hinkt und hakt hinten und vorne.

Jetzt liegt es uns fern, irgendwem seinen Lebensweg, seine Acht, vorzuschreiben. Aber, liebe Nina, worüber sollten wir uns als Frauen, im Besonderen Mütter, aus deiner Sicht Gedanken machen?

Warum wir alle in Geburtsvorbereitungskurse rennen und ganz selbstverständlich 134 Bücher über die Schwangerschaft, die Geburt und Babypflege lesen, damit wir wissen, wie wir korrekt atmen, Dammrisse vermeiden und verhindern, dass unser Säugling mit einer planlosen Mutter dasteht, wir aber gleichzeitig einen seltsamen Widerwillen haben, uns mit den konkreten und ganz realen Folgen von Eheschließung, Kindererziehung und Trennung auseinanderzusetzen. So, als würde allein die Beschäftigung mit diesen Themen das Ende unserer Beziehung heraufbeschwören. Dabei ist das Gegenteil der Fall: »Wer sich liebt, der sorget dafür, dass der eine auch ohne den anderen ein gutes Leben führen kann«, hat Teresa Bücker mal ganz wunderbar formuliert. Wer ohne Angst vor dem Alleinsein und ohne Zwang beim anderen bleibt, hat viel mehr Platz für wahre Liebe, möchte ich ergänzen.

Fast alle Frauen in meinem Freundeskreis leben in einem Modell, in dem sie finanziell deutlich tiefer in der Bredouille stecken als ihr Partner, sollte die Partnerschaft zerbrechen. In fast allen Fällen stünden die Väter bei einer Trennung sozial, wirtschaftlich und beruflich besser vernetzt da. Meistens sogar deutlich besser.

»Der muss bei einer Trennung ja aber Unterhalt zahlen«, ist meist die juristische Faktentiefe, die wir im Darübernachdenken erreichen, solange noch alles passt in unserer Ehe.

Stimmt seit 2008 aber nicht mehr, denn da gab es die Familienrechtsreform.

Muss er eben *nicht,* sondern nur in absoluten Ausnahmefällen.

Es gilt das Prinzip der »Eigenverantwortung«, aber komischerweise ist da wenig Platz in den aktuellen Modellen. Und wenn man nicht verheiratet war, gilt das Ganze ohnehin gar nicht.

Und wer sagt denn, dass überhaupt genug Geld da ist für Unterhalt und »Vermögen«, das geteilt werden kann?

Da muss der andere schon echt gut verdienen.

Zwei Drittel aller Alleinerziehenden in Deutschland bekommen im Übrigen gar keinen Kindesunterhalt, weil der Vater zu arm ist oder es nicht so wichtig findet, welchen zu zahlen. Die Sanktionen sind da leider überschaubar.

Was das in der bitteren Realität bedeuten kann, wie wenig finanziell verlässlich diese Grundlage ist, macht sich kaum eine werdende Mutter bewusst. Ich kenne viele Frauen, die aktuell versuchen, mit Kindesunterhalt und einer Teilzeitstelle zwei Kinder durchzubringen, während der Ex im Fußballstadion darüber lamentiert, wie er »finanziell ruiniert« wird, weil ihm nur tausend Euro zum Leben bleiben. Dabei zahlt er faktisch meist lediglich Unterhalt für seine Kinder, nicht für die Ex-Partnerin.

Ich bin hier gerade absichtlich zynisch, denn in der Gerichtspraxis hat man oft den Eindruck, dass so manche Beziehung vielleicht gar nicht gescheitert wäre, hätten sich die Väter *vor* der Trennung schon so für die gemeinsame Zeit und Teilhabe an der Care-Arbeit mit Kindern eingesetzt, wie danach im Scheidungsverfahren gerungen wird.

Zusammengefasst reicht ein aufmerksamer Blick in die Rechtshistorie: Wäre die Lebenswirklichkeit der Mütter in der Gesamtbetrachtung wirklich der bessere Deal in einer Partnerschaft, dann wären die Männer diejenigen, die unbezahlt die Care-Arbeit mit den Kindern daheim schultern würden, und die Frauen diejenigen, die man zur »Ernährerin« ernannt hätte.

Da, wo das Geld verdient wird, liegt der Hebel und die Freiheit. Da beißt die Maus keinen Faden ab.

Wenn ich mir die Gesetzeslage so anschaue, drängt sich mir der Gedanke auf, dass das System Frauen, die nicht arbeiten, unter-

stützen will. Ist das Methode? Ich formuliere jetzt mal ganz
plump: Will man uns kleinhalten?

Soll ich plump zurückschießen? Na klar. Die Mütter halten
aktuell und seit Jahrzehnten das System am Laufen und werden selbst am wenigsten von den Rentenbeiträgen abbe-
kommen, die ihre eigenen Kinder einzahlen, wenn sie erwachsen sind. Das ist doch absurd!

Wir würden niemals einen Vertrag unterschreiben, bei dem
wir nicht wissen, was er uns kostet, stolpern aber naiv in
uralte Familienmodelle, die uns komplett ruinieren könnten, wenn auch nur ein Vorzeichen sich dreht.

Und so ist das Leben doch, oder nicht? Ständig dreht sich
der Wind.

Und dabei gibt es viele Wege zur gesunden Acht. Aber ganz
sicher ist es der falsche Weg, einfach unheimlich feste daran
zu glauben, dass $4 + 2$ im Ernstfall bei uns ausnahmsweise
dann schon 8 ergeben wird. Das Leben ist nicht planbar,
und sonst stellen wir uns doch auch ständig die Frage: »Was
passiert, wenn Plan A nicht funktioniert?«, und kümmern
uns schon mal um Plan B.

Die Politik bekommen wir von heute auf morgen nicht ge-
ändert. Aber was können wir tun?

Über Geld reden. Uns fragen, was wir »verdienen«, und zwar
im umfassenden Sinne des Wortes. Ich frage das meine
Mandanten und Mandantinnen in meinen Workshops gera-
deheraus: »Was. Verdienst. Du?« Das gilt übrigens genauso
für die Väter!

Was bist du dir wert? Und spiegelt das, was du verdienst,
auch das, was du »verdienst«? Reicht es für deine Acht? Und
zwar auch dann, wenn du plötzlich nicht $4 + 4$, sondern $10 - 2$
rechnen musst?

Wie viele blinde Flecken gab es bei der Entscheidung, das Modell »Familie« so aufzustellen, wie man es getan hat? Ist der Vater vielleicht auch nicht ganz freiwillig der »Ernährer«? Dachte er, er müsse das sein, um ein »guter Vater« zu sein? Fehlen ihm die Kinder? Möchte er die finanzielle Verantwortung lieber auf mehrere Schultern verteilen?

Ich erlebe das oft im Gerichtssaal, diese Wut der Väter darüber, dass man jahrelang die finanzielle Verantwortung getragen habe und nun »kaum Geld hat«. Ich finde das sogar nachvollziehbar. Aber dabei wird, meiner Meinung nach, Folgendes außer Acht gelassen: Der Beruf der Frau, selbst wenn sie weniger verdient, ist genauso wichtig wie seiner. Er ist etwas Eigenes. Und wenn eure Familie nun Vollzeit euer Beruf ist, dann ist das wunderbar und ein toller Beruf! Aber dann macht den doch bitte nicht für lau. Sprecht mit eurem Partner darüber, wie eure Familienarbeit finanziert werden kann, vereinbart nachehelichen Unterhalt, schließt Eheverträge, die das wirklich abbilden.

Das Argument »Wir haben keine 400 Euro im Monat für meine Altersvorsorge übrig« bedeutet letztlich (und das wird jetzt wehtun): Man lebt das falsche Modell. Denn den Preis dafür trägt derjenige allein, für den kein Geld für Vorsorge da ist. Das finde ich unfair.

Man sollte wirklich versuchen, *gemeinsam auf Augenhöhe* das Familienmodell umzustellen. Manchmal hilft die »Goldene Regel«: »Behandle andere so, wie du von ihnen behandelt werden willst.« Oder in der negativen, aber bekannteren Fassung als gereimtes Sprichwort: »Was du nicht willst, das man dir tu, das füg auch keinem andern zu.« Also: Würde der andere den Deal umgekehrt genauso eingehen? Dann erst ist er fair.

Auch wenn da jetzt noch keiner dran denken mag, aber das Wort »Altersarmut« ist in aller Munde. Wo liegen die größten Gefahren für uns?

Der *Gender Pension Gap* bei verheirateten Frauen mit Kids liegt aktuell bei knapp 70 Prozent. Das heißt, wenn der verheiratete Vater – sagen wir mal – 1000 Euro Rentenpunktewert hat, dann hat die Mutter im Schnitt 300 Euro. Davon kann niemand leben! 1000 Euro kann man sich noch irgendwie vorstellen, aber 300 Euro ist zweimal volltanken und ein Wurstbrot.

Nun kommt es: Verheiratete Paare müssen bei einer Trennung, wenn sie in Zugewinngemeinschaft lebten (das ist der Normalfall, wenn man keinen Ehevertrag hat), auch die Rente teilen. Das wird immer so schön zur Verteidigung des Splittings angeführt: die »geteilte Verantwortung«.

Nur leider sind Trennungen kein Ausnahmefall, und dann endet die Verantwortung vereinfacht gerechnet ganz schnell wie folgt: Beide Renten werden zusammengerechnet und durch zwei geteilt. Das heißt für unser Beispiel: Jeder bekommt noch 650 Euro an Rentenpunkten. Wow. Davon kann doch keiner von beiden leben, oder? Deswegen ist derjenige besser dran, der noch ein berufliches Gerüst, eine feste Stelle und ein gutes Netzwerk mit Aufstiegschancen hat.

Bei unverheirateten Paaren mit Kindern wird – und das kann ich nicht oft genug betonen – *gar* nichts geteilt, da ist die Arschkarte für ein ganzes Leben gerechnet so groß, die kann man eigentlich gar nicht ignorieren.

Und zum Schluss: Nina, als Rechtsanwältin bist du doch auch allein unter Männern, hast du eine schöne Anekdote für uns?

Wir haben viele Frauen in der Anwaltschaft. Aber zwischen

32 und 45 Jahren tauchen viele von ihnen erst mal unter. Da begegnet man wirklich meist Männern.

Vielleicht mal eine Geschichte zu unterschiedlicher Wahrnehmung: Vor einigen Jahren betrat ich den Gerichtssaal an der Seite meines Mandanten, und wir nahmen im Zuschauerraum Platz, weil der vorangehende Prozess noch lief. Als wir aufgerufen wurden, unterhielt ich mich kurz mit dem gleichaltrigen, attraktiven Kollegen in der Mitte des Saals. Alle anderen waren schon weg. Der Richter fragte meinen Mandanten, der mittlerweile vorne saß, ob seine Vertretung denn nicht kommen würde. Als ich ihm irritiert zurief: »Huhu, ich bin doch da!«, sagte er peinlich berührt: »Oh, so jung und hübsch habe ich sie gar nicht erwartet.« Er dachte wohl, er habe mir ein Kompliment und damit wiedergutgemacht, dass er mich übersehen hatte. Für mich war das total unangenehm.

Mein Kollege wirkte auf den Richter offenbar ohne Zweifel wie ein »echter« Rechtsanwalt, völlig egal, ob außerdem noch jünger und hübsch – ich nicht.

In dem Moment hat sich mein Mandant sicher gefragt, ob er das nächste Mal besser jemanden beauftragt, der für das Gericht »nach Anwalt aussieht«. Auf jeden Fall nach dem Prozess, denn den haben wir auch noch verloren.

Bei diesem Beispiel sieht man schön, wie oft mit den besten Absichten mit zweierlei Maß gemessen wird. Es war keine böse Absicht, es war ein Kompliment, aber eins, das mir nicht half und das mich in dem professionellen Kontext eigentlich gar nicht freuen *konnte*.

Das verfolgt mich bis heute, und jedes Mal, wenn ich irgendeinen Heini sagen höre: »Nicht mal mehr Komplimente darf man heutzutage noch machen«, denke ich daran, was für ein zweischneidiges Schwert das ist und wie viel Empathie es

braucht, um das zu verstehen. Wenn mein Mann dafür gelobt wird, dass er mit den Kindern allein zum Kinderarzt
geht, findet er das auch eher beleidigend, als dass er stolz
darauf ist.

Die eigenen Wege zur Acht sind eben holperig, aber ich bin
zuversichtlich, dass wir gerade wirklich gut dabei sind, sie
für uns und andere Männer und Frauen zu ebnen.

SCHÖNHEIT!

Was für eine passende Überleitung durch Ninas Anekdote. Und ich denke, zum Sackenlassen des letzten Kapitels, zum Pulsrunterholen und zum Durchatmen tut uns allen ein Abschnitt über Schönheit ganz gut. Abgesehen davon, fürchte ich, kommen wir auch um dieses Kapitel nicht herum.

Als ich in die Öffentlichkeit trat, war ich schon 32 Jahre alt. Ich hatte eine schwere Zeit hinter mir und war optisch zumindest noch ein bisschen gezeichnet. Meinen ersten TV-Auftritt hatte ich bei Bettina Böttinger im *Kölner Treff* und kurz danach bei *DAS!* im NDR. In beiden Formaten habe ich über meine überstandene Brustkrebstherapie gesprochen. Auch wenn die Gespräche darüber nicht bitterernst waren, so war der Anlass doch, na ja, nennen wir es mal eher tiefgründig als oberflächlich.

Die meistgestellte Frage, die ich anschließend in den Social Media bekam, war: »Woher hast du die Ohrringe?«, gefolgt von: »Von welcher Marke sind deine Schuhe?«

Wenn ich mir heute meine Social-Media-Accounts anschaue, dann sind die Kommentare zur Optik weniger geworden, aber sie sind da.

Wenn ich auf *Instagram* einen Post mache, und ich gebe mir meistens Mühe, etwas Sinnvolles zu schreiben, ermahnt mich *Instagram* regelmäßig:

»Ihr Post wäre erfolgreicher, wenn Sie weniger Text verwenden würden.«

Ist dieser Satz übertragbar?

Ich bekomme auch immer mal wieder Angebote von professionellen Agenturen, die mir Tipps geben, um meinen Account schneller wachsen zu lassen. Und keine Agentur sagt mir: »Wenn Sie an dieser Stelle etwas mehr auf das Thema ›Resilienz‹ eingehen würden …«, die fordern Dinge wie: »mehr Porträts«, »besseres Make-up«, »professionellere Hashtags«. Auch viele Modefirmen würden mich gerne ausstatten, vorausgesetzt, ich poste dann die Bilder nach ihren Vorgaben. Authentizität ist in aller Munde und angeblich so wichtig, aber wirklich gerne gesehen ist sie dann anscheinend doch nicht. Gewollt ist letztlich die perfekte, schöne, ebenmäßige Frau.

Gewollt sind im Übrigen offenbar auch nicht unbedingt Inhalte, sondern persönliche Dramen. Das durfte ich schon bei meinem ersten Buch feststellen, als ein privater TV-Sender einen Bericht über mich drehen und dafür meine Kinder filmen wollte. Allerdings bitte der Situation angepasst, nämlich weinend! Zu dem Bericht ist es nie gekommen.

Vor ein paar Wochen war ich gemeinsam mit Sebastian Fitzek auf einer großen Veranstaltung. Sebastian und ich sind, also, »Kollegen« will ich mir gar nicht anmaßen, aber wir haben berufliche Berührungspunkte und sind vor allem befreundet. Wir waren beide als Speaker auf der *Blogfamilia* in Berlin eingeladen. Nach dem Auftritt wurden Fotos von uns gemacht. Ich hatte einen Blumenstrauß in der Hand und eine weiße Jeansjacke an, und wir haben während des Shootings Tränen gelacht.

»Krass«, sagt der Fotograf, »das sieht aus wie ein Hochzeitsbild!«

Und das tat es wirklich.

Weil wir zwei uns dann vor Lachen gar nicht mehr eingekriegt haben, postete ich das Bild mit: »Ja, Hase, wie sag ich es jetzt? Sebastian und ich haben JA gesagt.« Der »Hase« ist natürlich mein Mann. Es war ein Witz, und 99 Prozent der Leserinnen verstanden ihn auch richtig.

Falsch verstanden hat es dann ein großes Boulevardmagazin, ich möchte sagen, sogar DAS größte, und schrieb mich prompt an: »Doppelinterview sofort! Exklusiv! Was für eine Story!«

Eingeleitet wurde der Satz mit »Ich folge Ihnen schon lange auf *Facebook*, finde Sie toll und habe schon oft überlegt, wie ich Sie in unser Magazin einbauen kann ...«

Ähm, na ja, ich habe vier Bestseller geschrieben, dazu vier Bühnenprogramme, zweimal den Krebs überlebt ... Also sagen wir mal so: Es gäbe vielleicht das eine oder andere Thema. Das reicht den großen Boulevardblättern aber nicht. Eine Blitzhochzeit mit Sebastian Fitzek jedoch hätte mich in der Bekanntheit seeehr weit nach vorne gebracht.

Wahrscheinlich hätte die Überschrift gelautet:

»Nach der Gewichtsabnahme kommt jetzt die große Liebe!«

Da hätten wir dann doch alle relevanten Frauenthemen unter einem Hut.

Ich bin auf solche Art Berichterstattung nicht nur nicht scharf, es wird sie über mich – solange ich ein Mitspracherecht habe – schlicht nicht geben. Weil ich sie tatsächlich nicht nötig habe. Ich bin so frech und behaupte, dass ich mehr Inhalt liefere als eine Blitzhochzeit mit Sebastian (nichts für ungut, mein Lieber!).

Wenn ich mich als Frau natürlich nur über solche Attribute definiere, wenn ich nichts habe, worauf ich zurückgreifen kann, wenn ich durch »Skandale« meinen Lebensunterhalt bestreite und wenn ich merke, dass es genau das ist, was die Medien hören wollen, dann reden wir von einem Teufelskreis, bei dem man weder Anfang noch Ende kennt.

Wir können es doch drehen und wenden, wie wir wollen, wir werden immer wieder auf unser Äußeres reduziert. Denken Sie doch nur an Sabine Asgodom, die sagte: »Ich habe Dinge nicht bekommen, weil ich eine *dicke* Frau bin!«

Ich bin ganz ehrlich zu Ihnen: Ich kann mich davon auch nicht ganz frei machen. Natürlich ist mir mein Äußeres wichtig, und je öfter ich mich fotografiert sehe, desto schlimmer wird es. Alles andere wäre gelogen.

Seitdem ich auf der Bühne stehe und hier und da mal im Fernsehen bin – Sie glauben ja nicht, was für Cremes und Seren und Roller und was weiß ich noch ich benutze. Geht mir tierisch auf den Keks, können Sie mir glauben. Zumal die Ergebnisse auf sich warten lassen. Bis heute.

Ja, ich befürchte, ich bin eitel. Und je länger ich den Spökes mache, desto eitler werde ich. Und ja, bis zum heutigen Tag würde ich heftig verneinen, dass ich mich der Optik halber jemals unters Messer legen oder mich botoxen würde. Aber: Auch dazu sprechen wir uns in zwanzig Jahren noch mal.

Habe ich früher blind über die Frauen geurteilt, die sich bis zur Unkenntlichkeit haben botoxen lassen, kann ich heute zumindest schon ihre Beweggründe nachvollziehen. Es altert doch kaum noch eine Frau »echt«. Alle helfen nach. Und wenn man mal eine »echte« reife Frau im TV sieht, hagelt es sofort Kommentare wie: »Die ist aber alt geworden!« Ja, ist sie, und das ist normal! Nur weil man es so selten sieht, ist es exotisch.

Ich bin zumindest noch so uneitel, dass ich auf allen Social-Media-Kanälen ungefiltert unterwegs und privat eigentlich sowieso immer ungeschminkt bin. Das ist mir wichtig, weil es eben die Realität ist.

Ich bin mir leider ziemlich sicher, dass es »schöne« Frauen in der Regel leichter haben. Aber sind daran die Männer schuld? Sind sie es, die uns diesen optischen Druck auferlegen? Oder sind wir es, die um jeden Preis gefallen wollen?

Ich kann mich an keine Überschrift irgendeines Beauty-Beitrags (Print oder digital) erinnern, die an Männer gerichtet ist und die in etwa so lautet: »10 Bart-Styling-Tipps, die IHR am besten gefallen« oder »Straffe Oberschenkel für wilden Sex«. Solche Hinweise gelten immer nur uns Frauen. Und, und das finde ich das Schlimmste daran, meist kommen sie von Frauen.

Natürlich kann keiner von uns sich davon frei machen, dass die äußere Erscheinung eines Menschen eine Wirkung auf uns hat. Und sei es unbewusst.

Ich erinnere mich an das eine Mal, als während des Signierens nach meinem Auftritt eine Frau ganz schüchtern in der Ecke stand. Ich hatte sie schon im Publikum wahrgenommen, weil es ganz offensichtlich war, dass der liebe Gott sie nicht mit den klassischen Schönheitsidealen ausgestattet hatte. Sie hatte sehr schütteres Haar, vielleicht sogar kreisrunden Haarausfall, und eine Hasenscharte. Wir sind uns einig: Das ist hart. Selbstbewusstsein hin oder her, das kann nicht leicht sein. Und ebendiese Frau traute sich jetzt nicht zu mir. Ich ging dann am Ende auf sie zu und lächelte sie an: »Kann ich noch irgendwas für Sie tun?«

»Ja, also es wäre so nett, wenn Sie mir das Buch unterschreiben würden.«

»Ja, aber gerne doch.«

Wir kamen ins Gespräch, und ich merkte schnell, dass ich es mit einer hochintelligenten, humorvollen Frau zu tun hatte, die sich mir recht schnell öffnete. Es war aber wohl so, dass ihr das Leben schon so zugesetzt hatte, dass sie sich nicht nach vorne getraut hatte, wie alle anderen es ganz selbstverständlich getan hatten.

Vielleicht habe ich sogar meinen Teil dazu beigetragen? Ich hoffe es natürlich nicht. Aber ich fing an, darüber nachzudenken, ob ich es einem äußerlich nicht so »schönen« Menschen vielleicht auch schon mal schwer gemacht habe. Nicht wissentlich, aber es passiert sehr viel auf der nonverbalen Ebene, und wenn es nur das ist, wie oft wir jemandem ein Lächeln schenken oder ihn überhaupt mit einem Blick bedenken.

Sicher ist: Diese Frau muss sich doppelt so schnell drehen wie viele andere, um gesehen zu werden. Denken Sie mal drüber nach.

Der Schlüssel liegt, wie so oft, in unserer Selbstreflexion. Und auch in den Formulierungen, die wir tagtäglich bemühen.

Mädchen bekommen garantiert häufiger als Jungs zu hören: »Du siehst aber hübsch aus.« Beobachte ich doch sogar bei mir! Zu meinen Jungs sage ich, wenn's hochkommt: »Mensch, seht ihr cool aus!« Wenn aber eine Freundin von Max zu Besuch ist, höre ich mich selbst sagen: »Du hast aber eine hübsche Frisur.«

Das ist nicht abwertend oder überhaupt wertend gemeint. Aber ich bin sicher, in der Summe machen genau solche Formulierungen etwas mit uns Frauen. Gut auszusehen, hübsch zu sein ist für uns immer noch wichtiger, als es für Männer ist. Und noch mal: Ich gebe nicht den Männern die Schuld daran (wie eigentlich für gar nichts!), sondern eher uns Frauen. Weil wir uns in der gegenseitigen Kommunikation oft beschränken auf solche Aussagen über Oberflächlichkeiten.

Ganz nebenbei: Ich weiß nicht, wie es Ihnen geht, aber je älter ich werde, desto mehr halte ich es, wie ein bekannter Fotograf einst sagte: »Ich fotografiere gerne schöne Menschen, und ihr Aussehen ist mir dabei völlig egal.«

Wenn ich Menschen mag, werden die von ganz alleine schön. Und andersrum genauso. Der augenscheinlich schönste Mensch kann, wenn er sich danebenbenimmt, plötzlich unglaublich hässlich wirken.

Was will uns dieses Kapitel nun sagen?

Vielleicht will ich uns alle dafür sensibilisieren, wie oft wir Frauen untereinander optische Attribute als Maßstab für irgendwas ansetzen: Sympathie, Freundlichkeit, Kompetenz, Intelligenz.

Und ich will bewusst machen, dass es Menschen gibt, die sich etwas mehr anstrengen müssen als andere. Allein aufgrund ihres Aussehens.

Wenn aber jede von uns bei sich anfängt, auf ihr Wording achtgibt, die Optik außen vor lässt, Mädchen nicht immer nur mit »hübsch« belegt, Frauen über fünfzig nicht mit »die ist aber alt geworden« betitelt, können wir vielleicht dafür sorgen, dass sich jede von uns in ihrer Haut ab sofort ein bisschen wohler fühlt.

Und damit wäre schon viel erreicht.

Infizierte Sonntage

Ich glaube, dass unserer Schönheit oder nennen wir es »Ausstrahlung« oft infizierte Sonntage im Wege stehen.

Die kennen Sie nicht? Umso besser!

Infizierte Sonntage werfen einen Schatten. Den Montagschatten.

Ich hatte die früher wöchentlich. Wenn der Sonntagnachmittag anbricht und der Montag schon in den Startlöchern steht und du denkst: »Och neeeeee!«

Wenn Sie mich fragen, sind infizierte Sonntage der sichere Beweis dafür, seine Acht noch nicht gefunden zu haben. Und wer die nicht hat, der strahlt das aus. Und wer das ausstrahlt, ist angreifbar und offen für verletzende Sprüche.

Manchmal ist die Acht auch schon da und liegt nur falsch rum. Dann reicht ein Perspektivenwechsel, um zu erkennen: »Ach, guck, da ist sie ja!«

Das Schöne ist: Die Perspektive, die bestimmen wir selbst. Ein Job ist letztlich immer das, was wir draus machen. Ich habe Klofrauen getroffen, die eine große Zufriedenheit ausstrahlten, weil sie die richtige Perspektive aufs Leben und ihre Arbeit gefunden hatten.

Bitte denken Sie daran: Sonntag ist Sonntag, und Montag ist Montag. Wenn Sie montags eine schlimme Untersuchung vor sich haben, dann kann der Sonntag nix dafür. Der kommt auch nicht wieder zurück.

Wenn aber die allgemeine Lebenssituation, aus welchen

Gründen auch immer, gerade so bedrückend ist, dass sie unsere Lebensqualität auffrisst, dann lohnt es sich, genauer zu analysieren, was wir verändern müssen, um uns wieder besser zu fühlen. Hin zu unserer persönlichen Acht.

Sie und ich, wir alle haben nur dieses eine Leben. Und streng genommen sogar nur das Heute.

Darum ist die gefundene Acht, und die kann auch als Hobby daherkommen, immens wichtig für jeden von uns. Auch für unsere Schlagfertigkeit. Denn die haben wir nur, wenn wir uns in unserem Leben und mit uns sicher und gut fühlen.

Apropos Hobby und individuelle Acht: Im Bekanntenkreis haben wir einen jungen Mann, der seit Jahren im Schulchor Oboe spielte. Dieses Hobby hat ihn durch die Schulzeit getragen. Kurz vor dem Abi legte die Schulleitung fest, den Chor einzustellen, um den Jugendlichen mehr Zeit zum Lernen zu geben. Muss ich Ihnen sagen, welche Auswirkungen das auf den jungen Mann hatte? Als hätte man bei ihm den Stecker gezogen. Da gibt ein System vor, wie junge Menschen besser zum Abi kommen, ohne sich die Kinder, um die es geht, genau anzuschauen. Ist das nicht paradox?

Außerdem habe ich einen ganz tollen Freund, der mich auf Tour regelmäßig begleitet und der selbst seit mehr als dreißig Jahren als Musiker auf der Bühne steht. Nicht als Berufsmusiker, aber er betreibt Musik als, nennen wie es mal »professionelles Hobby«. Er spielt in einer Tribute-Band und tritt darin als Sting-Double regelmäßig seit drei Jahrzehnten auf. Dieses Hobby beflügelt ihn so sehr, dass er sein eigentliches Business, er ist selbstständiger Vertriebsprofi und Manager, mit einem wahnsinnigen Schwung ausübt. Die Berufsmusikerkarriere hat er tatsächlich nie ernsthaft verfolgt, aber die Musik ist trotzdem ganz klar seine Acht. Und nicht nur seine. Denn sein Schwung hat so viel Energie, dass die ganze Familie mitschwingt und so selbst in stressigen Phasen des Lebens aus der Musik Kraft schöpft. Weil eine Grundzufriedenheit herrscht. Die Musik ist der gemeinsame Familiennenner.

Und dann kenne ich eine Mutter, unsere Kinder gehen in dieselbe Klasse, die seit einem Jahr einen neuen Job hat. Sie hat selbst drei Kinder, ist Erzieherin und jetzt wieder in ihren Job zurückgekehrt. Zur Wahl standen ein »handelsüblicher« Erzieherjob in der städtischen Kita und ein etwas anders ausgerichteter in einem Waldkindergarten. Sie entschied sich für Letzteren – und wirkt seitdem auf mich, als wäre sie im Dauerurlaub.

»Es ist die Natur. Ich habe mich schon immer wohl in ihr gefühlt, aber hast du eine Ahnung, wie toll es ist, als Erwachsene im Matsch zu wühlen?«

Tatsächlich habe ich keine Ahnung davon, es ihr aber sofort abgenommen.

Sie wirkte auf mich schon immer wie eine attraktive, selbstbewusste Frau, und dennoch hat sie sich aus meiner Perspektive noch mal komplett verändert. Ihre Körpersprache und Haltung, innerlich wie äußerlich, ist eine andere geworden. Ganz einfach: weil sie ihre Acht gefunden hat.

Und diese Acht erfordert nicht gleich Jobwechsel, Scheidung oder dass wir nach Bali auswandern. Manchmal reicht es auch, »nur« der Leidenschaft im Hobby nachzugehen.

Wenn wir sie dann haben, die Acht, dann ist sie wie festgetackert, sodass sie uns auch keiner und nichts mehr wegnehmen kann: keine blöde Bemerkung, kein männlicher oder weiblicher Widersacher.

Und diese Acht lässt endlich unsere Sonntage auch einfach Sonntage sein.

Wie sage ich es?

Sie haben vielleicht festgestellt, dass ich mich hin und wieder an gewissen Begrifflichkeiten störe. Ja, ich finde, Sprache ist ein Hinweis auf die Gesellschaft, in der wir leben. Und seit ich so blöd erkrankt war, weiß ich noch mehr um die Wirkung von Sprache. Es gibt einfach Phasen in unserem Leben, in denen ist der Schutzschild sehr dünn, und wir ziehen uns jeden Schuh an. Sprich, die eigene Stimmung und damit auch unsere Schlagfertigkeit sind häufig tagesformabhängig.

Nach meiner Diagnose hing ich an den Lippen der Ärzte wie eine Klette. Normalerweise bin ich keine Goldwaagen.de-Frau, aber in dieser Lebensphase war ich es. Alles habe ich hinterfragt, gedeutet und interpretiert. Die Formulierungen der Ärzte, nicht die Fakten, beeinflussten meinen Tag. Und ich bin bis heute davon überzeugt, dass Sprache noch so viel mehr tut: Sie beeinflusst, prägt, steuert und bildet uns. Bewusst und unbewusst.

Ein Beispiel: Ich war vor Kurzem zu Gast bei Thomas Koschwitz. Die Radiolegende und ich hatten schon mehrfach das große Vergnügen. Die Interviews mit ihm sind immer toll, weil er unter anderem so gut vorbereitet ist. Das Gespräch drehte sich um mein letztes Buch, *Ich nehm schon zu, wenn andere essen!*

Er fragte mich: »*Du schreibst, dass du nie eine Fitnessuhr oder Ähnliches zum Sportmachen trägst. Warum?*«

»Das kann ich dir sagen. Wenn die Uhr mir anzeigt, dass ich 200 Kalorien verbraucht habe, gehe ich damit an den Kühlschrank und tausche das eins zu eins wieder ein. Für mich sind Sporttracker wie Tauschbörsen.«

Die Onlineredaktion zieht gerne sogenannte O-Töne und bewirbt mit diesen das Interview auf ihren Social-Media-Plattformen. Einen Tag später konnte man dort also lesen: »Staudinger sagt: ›Sportuhren sind wie Tauschbörsen.‹«

Es fehlten die zwei entscheidenden Wörter: »für« und »mich«.

»Jetzt ist sie aber pingelig«, werden Sie sagen, und vielleicht bin ich das. Aber wenn man es ohne »für mich« liest, klingt es wie ein Ratschlag, ein Fakt oder eine Verallgemeinerung. Und jetzt stellen Sie sich bitte all diejenigen vor, die nicht so bekloppt sind wie ich und für die Sportuhren eine ganz tolle Sache sind. Die fühlen sich doch ad hoc angegriffen.

Entsprechende Kommentare waren bald darunter zu lesen: »Die hat das Prinzip nicht verstanden!«, »Lächerlich« und so weiter.

In dem Moment, in dem ich klarstelle, dass etwas *für mich* so ist, relativiere ich das Gesagte, räume ich meinem Gesprächspartner die Möglichkeit zur Reflexion ein. Der kann ganz für sich allein überlegen, ob das für ihn auch zutrifft oder nicht. Trifft es zu, kann er vielleicht darüber lachen, fühlt sich verstanden und nicht allein. Trifft es nicht zu, kann er vielleicht trotzdem darüber lachen, sagt aber: »Lustig, ich sehe das ganz anders.«

Wenn Sie mich fragen, liegt also genau in diesem kleinen Zusatz der Hund begraben.

Wie einfach könnte Kommunikation sein, wenn wir sie nicht mit dem erhobenen Zeigefinger betreiben würden?

Wenn Sie mir erzählen: »Ach, was für ein doofer Tag. Ich

habe solche Kopfschmerzen!«, dann macht das doch für Sie einen Unterschied, ob ich antworte:

»Kopfschmerzen?! Ja, da MUSST du jetzt eine Runde um den Block drehen, dann MUSST du zwei Liter Wasser trinken, und du MUSST unbedingt mal Yoga ausprobieren.« Spätestens ab dem zweiten MUSST klinken Sie sich aus. Habe ich Sie als Zuhörer verloren.

Entgegne ich aber:

»Ach, du arme Maus, das tut mir leid! Das kenne ich an solchen Tagen nur zu gut. Mir helfen da immer frische Luft und Wasser, und, ob du es glaubst oder nicht, seitdem ich Yoga mache, habe ich gar keine Kopfschmerzen mehr.«

Bei dieser Formulierung gebe ich meinem Gegenüber die Möglichkeit, selbst zu überlegen: »Ach, Wasser ist 'ne gute Idee! Ich habe tatsächlich zu wenig getrunken. Aber so schlimm, dass ich Yoga ausprobiere, können die Schmerzen gar nicht sein.«

Jetzt werden Sie vielleicht zu Recht sagen:

»Junge, Junge, soll ich bei jedem Satz überlegen, wie der ankommen *könnte?* Das ist mir zu anstrengend.« Das müssen Sie gar nicht. Wenn wir auch hier wieder die Goldene Regel befolgen, sind wir schon ein gutes Stück weiter.

Das hilft uns vielleicht nicht unbedingt beim Überleben in einer männerdominierten Welt weiter, aber doch erheblich in der Frauen-untereinander-Kommunikation. Und wie wir im Verlauf des Buches schon öfter festgestellt haben, ist das schließlich unsere Basis, die es zu pflegen und ins Reine zu bringen gilt.

Mit dieser kleinen Hilfestellung komme ich in meinem Alltag tatsächlich gut zurecht. Zumindest in meinem beruflichen. Denn wenn ich auf meine Jungs treffe, gelten für die Kommunikation andere, und zwar ganz andere Regeln …

Wie sage ich es den Männern?

»Mama, kann ich ein Kaugummi?«, fragt mich mein damals dreijähriger Sohn.
»Na klar, mein Schatz, aber bitte schlucke ihn nicht wieder runter, okay?«
»Nein, natürlich nicht.«
Knappe sechzig Sekunden später: »Mmmh, der war lecker!«

»Mama, kann ich Tic Tac?«, selbiger Sohn an der Supermarktkasse.
»Na klar, mein Schatz.«
Zu Hause: »Mama?!«
»Ja.«
»Das kommt da niiiiie mehr raus!«
»Was kommt wo nie mehr raus?«
»Das Tic Tac.«
»Wo hast du es denn reingetan?«
»In die Nase natürlich.«

Die Brüder unterhalten sich miteinander im Kinderzimmer. Es geht um weltbewegende Themen wie *Harry Potter* und die *Minions*. Auf einmal hat Constantin einen Geistesblitz: »Max! Weißt du, was krass ist? Wenn wir groß sind, dann sind wir zwei Cousins!«
Max daraufhin: »Boah, stimmt!«

Max kommt von einem Kindergeburtstag heim.
»Na, mein Schatz, wie war es?«
»Gut!«
»Was habt ihr gemacht?«
»Geatmet und uns bewegt.«

Jungs beziehungsweise Männer kommunizieren anders. Meine zumindest.

Wenn alle vier »Jungs« unseres Hofs sich unterhalten, schauen meine Mutter und ich nur staunend zu. Die reden derart aneinander vorbei, das glauben Sie gar nicht! Aber das wirklich Erstaunliche ist: Zum Schluss finden sie einen Konsens. Und, und das ist wohl die wichtigste Erkenntnis, sie brauchen uns Frauen nicht dafür.

Am Anfang habe ich noch als Dolmetscherin fungiert und versucht, in der Kommunikation unterstützend zur Seite zu stehen. Das habe ich aufgegeben. Es funktioniert auch so! Ich muss mit meinen Jungs anders sprechen als mit Mädchen oder Frauen. Zumindest, wenn ich Gehör finden will.

Meine Überlebensstrategien, um als Frau (fast) allein unter Männern Gehör zu finden:

1. Frei nach Sabine Asgodom: klare Ansagen machen:
   »Max, komm bitte her und hör mir zu!«
2. Die naive Vorstellung beiseitelegen, dass die reine Anwesenheit des Kindes das Zuhören desselben voraussetzt. Daher der Zusatz:
   »Bitte guck mich an. Und lies es von meinen Lippen ab.«
3. Kurzes Abwarten, ob bis hierhin alles angekommen ist. Dann Sicherheitscheck:
   »Hast du mich bis hierhin verstanden?«
4. In der Hoffnung eines Jas, geht es dann so weiter: langsame und deutliche Ansprache, Blickkontakt dabei nicht verlieren:
   »Wir fahren in zwei Stunden los. Bis dahin machst du bitte deine Hausaufgaben fertig.«

5. ACHTUNG! Der Laie neigt vielleicht zu Anfängerfehler-
   sätzen, wie »Wärst du vielleicht so nett und würdest bitte
   die Hausaufgaben fertig machen?« oder gar »Hast du
   noch Hausaufgaben auf?«. Er hat *garantiert* welche auf,
   wenn nicht, wird er sich jetzt zur Wehr setzen.
   Auch, so meine Erfahrung, wird an dieser Stelle nicht thematisiert, wohin und warum wir in zwei Stunden aufbre-
   chen, denn das gibt a) nur Stress und b) hat er es in zwei
   Stunden sowieso wieder vergessen.
6. Kurzes Sackenlassen der Information, dann erneuter Sicherheitscheck:
   »Kannst du das wiederholen?«
7. »Ich soll zwei Stunden lang Hausaufgaben machen.«
   Geben Sie sich damit zufrieden, besser wird es nicht.

Und jetzt würde ich Ihnen so gern weismachen, dass ich nur
mit meinen Kindern in dieser Form kommuniziere. Aber
nein, mit meinem Mann läuft es im Prinzip genauso ab.
»Hase, du weißt, dass wir um zwei Uhr loswollen?«
»Natürlich. Wohin noch mal?«
»Zum Schulfest!«
»Ja, klar, weiß ich.«
»Okay, ich halte fest: Du stehst um zwei fertig angezogen
mit Schuhen im Flur. Kann ich mich darauf verlassen?«
»Natürlich.«
Frühestens um zehn vor zwei höre ich von vor dem Spiegel:
»Maus, guckst du mal eben, ob das Hemd noch geht?«
Alternativ:
»Guckst du mal eben, ob die Schuhe dazu passen?«

Als die Kinder noch sehr klein waren und wir einen Termin
hatten, habe ich immer rückwärts gerechnet, wann wer du-

schen muss und wann wer angezogen werden muss, sodass das perfekte Timing entsteht. Zwei Stunden vorher die Jungs »fertig« zu haben, ist ja auch Perlen vor die Säue werfen. Denn während ich im Prinzip drei »Jungs« fertig mache und mich selbst, kümmert sich von den Herren der Schöpfung natürlich keiner um irgendwas.

Ich bilde mir aber ein, dass es langsam besser wird.

Falls Sekretärinnen mitlesen, sagen Sie mir, ob ich mich täusche: Das Verhältnis zwischen Chef und Sekretärin ist doch in den meisten Büros ähnlich, oder? Männer brauchen einfach eine andere Art der Kommunikation als Frauen.

Sie pflegen auch andere Rituale und vergleichen sich anhand anderer Maßstäbe miteinander, von denen viele offenbar aus längst vergangenen Zeiten stammen. Früher haben sich die Jungs an erlegten Säbelzahntigern gemessen, heute eben an Häusern, Autos oder Frauen.

Vielleicht hängt das eine, die Kommunikation, auch ganz eng mit dem anderen, den Erfolgsvergleichen und Ritualen, zusammen … Da scheint es um unsere Ursprünge zu gehen und darum, worüber wir uns definieren, was uns wichtig ist.

Wenn zwei Männer sich darüber unterhalten, dass der eine im Job aufgestiegen ist, wird sein Gegenüber relativ schnell fragen:

»Und? Mehr Geld, oder?«

»Na, sicher!«

»Auch größerer Wagen?«

»Na, sicher!«

»Und 'nen Parkplatz näher dran?«

»Na, sicher!«

Wie gesagt, für Männer sind Statussymbole von ganz anderer Bedeutung als für uns Frauen.

Aber, und das finde ich angenehm an männlicher Kommunikation, wenn es darum geht, sprechen Männer nie versteckt oder subtil darüber.

Männer tragen ihre Kämpfe offen aus! Und wenn der eine stärker als der andere ist, dann gehen die zwei trotzdem zusammen etwas trinken.

Wenn Frauen sich über eine Beförderung unterhalten, geht es nur selten um die damit verbundenen Statussymbole. Es geht eher um die größere Verantwortung und um den ideellen Wert der Arbeit an sich.

Folgendes habe ich zu diesem Thema mitgehört:

»Toll, du bist jetzt Ressortleiterin für ›Reise‹, gratuliere!«

»Danke dir. Ich freue mich so sehr, dass dem Chef meine Arbeit anscheinend gut gefallen hat.«

»Ja, auf jeden Fall. Was heißt das jetzt genau für dich?«

»Alle Themen gehen über meinen Schreibtisch, und ich habe in der Themenfindung im Prinzip freie Hand. Ich trage natürlich auch mehr Verantwortung in der Mitarbeiterführung. Das ist ganz neu für mich.«

»Und mehr Geld gibt es doch bestimmt auch.«

»Nee, noch nicht. Weil mir ja noch die Erfahrung fehle, meinte der Chef, solle ich erst mal zeigen, was ich könne, und dann sprächen wir noch mal darüber. Du, ich kann das total verstehen, so einen Posten hatte ich eben noch nie, aber so ist der Druck für mich auch nicht so groß. Außerdem: Geld ist mir sowieso gar nicht so wichtig!«

Ihnen vielleicht nicht. Aber dem Chef. Und der hat alles erreicht, was er wollte: eine hoch motivierte Mitarbeiterin, die noch mehr arbeitet als vorher, und die Knete behält er schön bei sich. Applaus! Wir schweifen ab …

Zurück zur Kommunikation im Allgemeinen und im Speziellen zur Bedeutung von Statussymbolen dabei. Ich durfte in letzter Zeit mehrfach am eigenen Leib erfahren, wie sehr Männer auf Statussymbole setzen und wie schnell man in ihrem Ansehen steigt, wenn man mithalten kann.

Nein, meine Damen, dafür müssen Sie keine Bücher schreiben, Sie müssen auch nicht als Top-Speakerin auf der Bühne stehen und mehrere Hundert Leute unterhalten, I WO!

Nein, das Einzige, was Sie dafür benötigen, ist ein Mercedes. Jaaa!

Ich fürchte, ich habe mir mit nichts so viel Neid und zugleich Anerkennung und Respekt in der Männerwelt verschafft wie mit meinem Tourwagen.

Typisch Frau, muss ich da gleich relativieren: Das Auto gehört mir nicht. Ich bekomme den Mercedes geliehen, nicht geschenkt, auf Grundlage eines Barter-Deals. Sprich, ich moderiere für Mercedes Veranstaltungen und bekomme dafür das – zugegeben, megageile!!! – Auto.

Wenn das Thema in der Runde aufkommt, reagieren die Männer noch meist gelassen. Bis sie den Wagen sehen.

Ich zitiere mal einen Bekannten: »Ey, ich dachte, die geben dir so 'ne normale A-Klasse, aber wie krass ist das denn?«

Ja, das ist ein GL-irgendwas-Geschoss, das mich und meinen russischen Wanderzirkus auch sicher in die kleinsten Ortschaften bringt.

So, jetzt ist es raus.

Ja, ich bin ein Autofan und finde meinen Mercedes schon leider wirklich sehr cool!

Aber längst nicht so cool wie die Männer um mich herum. Die können ihre Gesichtsentgleisungen nicht verbergen und sind (fast) sprachlos.

»Jetzt sag mir nicht, dass das auch noch eine AMG-Sonderedition ist?!«

Ich hatte bis dato noch nie etwas davon gehört, sagte aber selbstverständlich:

»Doooch.«

Dass der Herr keinen Kniefall gemacht hat, hat mich erstaunt.

Und, meine Damen, jetzt kommt das wirklich Erstaunliche: In der Geschäftswelt kann ich doch tatsächlich beobachten, dass den Entscheidungsträgern (also in der Regel den Männern), wenn sie von meinem Statussymbol, nennen wir es mal böse »geblendet« werden, das Zahlen meiner Gage weniger wehtut.

Wie ich das finde? Das sei mal dahingestellt. Sie können sich aber sicher sein, dass es mir immer besser gefällt, durch eigene Leistung voranzukommen.

Aber Sie erinnern sich: Ich mache die Regeln nicht.

Ob und wie *Sie* auf Männerrituale eingehen wollen, können, dürfen, müssen oder sollen, entscheiden Sie ganz allein! Sicher ist, dass es sie gibt. Und diese Rituale finden meist jenseits der faktisch erbrachten Leistung statt.

Wenn wir uns das bewusst machen, wenn wir einfach *wissen,* dass sich der Kollege (hoffentlich nicht nur) von einem größeren Büro mit Panoramafenster, einem Parkplatz näher am Gebäude oder einem matt glänzenden Arbeitslaptop beeindrucken lässt, dann haben *Sie* in der Hand, wie und ob Sie damit umgehen.

Jungs, wir brauchen euch!

Gleichberechtigung kann natürlich nicht nur einseitig stattfinden. Wie im Bilderbuch wäre es natürlich, wenn Männer wie Frauen daran mitarbeiten würden.

Allerdings, Ladys, aus meiner kleinen, bescheidenen Erfahrung heraus, tut sich da etwas!

Es sind schon ganz tolle Männer unterwegs, und es kommen welche nach, die oft selbst Töchter haben und die eben genau das für ihre Mädchen wollen: eine gleichberechtigte Gesellschaft.

Ich habe mich mit dreien dieser Männer (zweimal Thomas, einmal Jannis) zum Mittagessen getroffen. Diese Jungs arbeiten allesamt in der Kommunikations- und Werbebranche und podcasten unter anderem auf »Ich bin dein Vater« ihre Erfahrungen mit dem Claim »Früher waren wir cool – jetzt sind wir Väter«.

So, Jungs, Butter bei die Fische. Wenn ich das Wort »Emanzipation« in den Raum werfe, lauft ihr mir dann weg?
Thomas 1: Nee, gar nicht! Ich finde das enorm wichtig. Aber ich gebe auch zu, dass bei mir sofort ein »Ooooh, jetzt musst du aufpassen, was du sagst« mitschwingt.

Weil?
Thomas No. 2: Weil ich tatsächlich das Gefühl habe, dass ich als Mann dazu fast nur Falsches sagen kann und alles auf die Goldwaage gelegt wird.

»Goldwaage« ist ein gutes Stichwort. Ist das ein typisches Frauenproblem?
Thomas No. 1: Vielleicht. Wobei ich eines voranstellen möchte: Die beste Chefin, die ich jemals hatte, war eine Frau.«

Warum?
Thomas No. 1: Wegen ihrer Empathie. Und wegen ihrer klaren Art zu kommunizieren.
Thomas No. 2 lacht und sagt: Ich hatte die gleiche Chefin und ich glaube, dass tatsächlich viele Kolle*ginnen* wegen dieser klaren Art ein Problem mit ihr hatten.

Ach, guck. Aber dich hat sie auch überzeugt?
Thomas No. 1: Ja. Es gibt eben Dinge, die kannst du nicht nach reiner Faktenlage beurteilen, die musst du auch mit Empathie lösen. Da sind Frauen, meiner Meinung nach, weiter vorne.

Interessant. Und warum, glaubt ihr, ist unser System immer noch männerdominiert?
Jannis: Ihr bekommt halt die Kinder. Das ist ein Naturgesetz. Wenn sich hier eine junge Frau und ein junger Mann bewerben, beide bringen exakt dieselben Voraussetzungen mit, dann entscheide ich mich als Geschäftsführer eher für den Mann, weil die Frau höchstwahrscheinlich irgendwann ausfallen wird, um Kinder zu kriegen.

Wie könnte man damit besser umgehen?
Jannis: Indem man zum Beispiel die Elternzeit aufteilt. Ganz klare Regelung: Der Mann nimmt sieben Monate, die Frau auch. Fertig. Dann bergen für den Chef beide das »gleiche« Risiko. Dann sind sie chancengleich.

Thomas No. 2 wirft ein: Und dann rufen die Frauen, dass sie sich doch nicht vorschreiben lassen, wie lange sie daheimbleiben.

Thomas No. 1, nachdenklich: Stimmt auch wieder. Es ist einfach schwierig. Frauen sind sowohl bei der Kirche als auch bei der Altersvorsorge eine Persona non grata.

Das ist der Grund, warum es für uns mit der Weltherrschaft noch nicht geklappt hat?

Jannis: Nee, ich denke, es liegt auch daran, dass wir Männer so simpel gestrickt sind. Wir zweifeln so gar nicht an uns. Frauen tun das viel eher. Sehe ich ja an meiner. Und, das fällt mir bei meinen Kolleginnen immer auf, Frauen sind in ihrem Leiden sehr bequem.

Was soll das denn heißen?

Jannis: Dass ich viele Frauen kenne, die über ihren Job jammern, aber daran nichts ändern. Die bleiben lieber in der Jammerrolle, als dass sie sich einen neuen Job suchen.

Gibt es auch etwas, was wir aus eurer Sicht besser können?

Jannis: Ja, um Hilfe bitten. Davor, dass ihr nach dem Weg fragt, habe ich den größten Respekt. Ich würde eher drei Stunden in stolzer Position umherirren, als dass ich jemanden fragen würde, wo es langgeht.

Was muss eurer Meinung nach passieren, damit eure Töchter später gleichberechtigt sind?

Thomas No. 2: Von der Politik müssen andere Anreize geschaffen werden. Es kann nicht sein, dass Frauen, die sich für Kinder und die Pflege der Eltern entscheiden, am Ende ihres Lebens in der Altersarmut landen. Aber vielleicht liegt der Schlüssel auch in der Partnerschaft und dass man da im Gespräch bleibt. Unlängst wurde eine Studie veröffentlicht, die gezeigt hat, dass Männer mit der Alleinverdienerrolle total gestresst sind. Ich kenne mittlerweile Paare, die arbeiten beide dreißig Stunden und sind wirklich auf Augenhöhe. Ich für meinen Teil versuche, meine Tochter einfach darin zu bestärken, ihren Weg zu gehen.

Thomas No. 1: Das würde ich so unterschreiben. Dass die Kinder – Mädchen oder Junge, egal! – Persönlichkeiten werden, die sich von niemandem abhängig machen. Das findet nicht in der Politik, sondern in der Erziehung statt.

Möge die Macht mit dir sein

Ich sprach noch über vieles mit den drei Männern, auch über die Frage, ob die Welt wohl anders aussehen würde, wenn sie von Frauen regiert wäre. Eine spannende Frage. Letztlich geht es um Macht. Und mit der Macht ist es wahrscheinlich immer dann schwierig, wenn sie ungerecht verteilt ist.

Es würde ganz sicher Sinn machen, wenn Männern an einigen Stellen Macht entzogen würde, aber dafür müsste ihnen (von uns Frauen) an anderer Stelle neue Macht zugesprochen werden. Und zwar ohne dass wir unseren Senf dazugeben.

Solange der Satz »Mein Mann hilft gern im Haushalt« von Frauen oder »Ich übernehme gern die Hausarbeit« von Männern ausgesprochen wird, ist eben genau diese Einstellung noch nicht selbstverständlich.

Liebe Männer: Macht es einfach.

Warum?

Weil ihr es könnt!

Und liebe Frauen: Lasst es geschehen.

Ohne großartiges Lob.

Ohne »Sitz!«, »Platz!«, »Aus!« und »Fein gemacht, hier hast du ein Leckerchen«.

Die Jungs können das. Übrigens auch schon die kleinen!

So oft, wie uns Frauen auf beruflicher Ebene das eine oder andere nicht zugetraut wird, so oft wird Männern im Umgang mit ihren Kindern nicht genügend Kompetenz zugesprochen.

Da brauche ich gar nicht mit dem Finger auf andere zu zeigen, ich muss mich nur daran erinnern, wie ich – Madame Schießgewehr – neben meinem Mann stand, während dieser Max wickelte, und ganz genau beäugte, ob der Herr das auch richtig macht. Und anschließend habe ich, wie eine TÜV-Mitarbeiterin, nach Verbesserung verlangt, selbst verbessert oder das Ergebnis freigegeben. Das war anmaßend! Ich meine, es war ja auch *mein* erstes Kind.

Ich habe das schnell sein lassen, weil ich es als unfair empfand.

Wir können nicht von den Männern erwarten, dass sie sich einbringen in Kindererziehung, Haushalt, Geburtstagsgeschenkebesorgen, und nachher an ihnen rumnörgeln, weil die Umsetzung nicht unserem einhundertprozentigen Perfektionismus entspricht.

Ganz ehrlich, wenn an mir ständig herumgenörgelt wird, habe ich auch schnell keine Lust mehr, mich zu beweisen.

Zugleich tun wir uns auch mit dem übermäßigen Lob keinen Gefallen. Uns klopft doch auch keiner anerkennend auf die Schulter, wenn wir den Boden gewischt haben.

Lassen wir es einfach geschehen. Jeder auf seine Weise.

Mein Mann hat für *einen* Windelwechselgang übrigens um die vierzig Minuten gebraucht. Ja und? Geschadet hat es weder Max noch ihm. Und ich hatte mich nach zwei Jahren auch dran gewöhnt.

Die beste Idee *ever!*

Susanne arbeitet seit ewiger Zeit als ITlerin in einem Kommunikationsunternehmen. Sie ist richtig gut in ihrem Job und hat auch zu ihrem männlichen Vorgesetzten ein gutes Verhältnis.

Wir lernen uns auf einem Kongress kennen, sie ist eine Seminarteilnehmerin vom Typ »Total-Understatement«. Eine hochintelligente Frau, die sich ihrem Können gar nicht bewusst ist. Ach, promoviert hat sie auch, das erwähnt sie am dritten Tag in einem Nebensatz. (Liebe Ladys, wenn ich einen Doktortitel hätte, ich schwöre Ihnen, ich würde ihn mir auf die Stirn tätowieren lassen und selbst meine langjährigen Freundinnen schriftlich dazu verpflichten, mich mit »Frau DOKTOR« anzureden.) Susanne ist weitaus bescheidener unterwegs. Nach wenigen Stunden taut sie auf, fasst Vertrauen und kreiert vor mir und der gesamten Runde folgenden Satz:

»Also, streng genommen, also, wenn man jetzt mal von den fachlichen Qualifikationen ausgeht, dann bin ich, also, das klingt jetzt irgendwie blöd, aber wahrscheinlich bin ich ein bisschen besser als mein Chef.«

»Susanne, da wäre ich mein Lebtag nicht draufgekommen!«, werfe ich ein.

Es dauert zwei Sekunden, dann versteht sie, dass es ein Witz war.

»Haha, ja, also ich will mich jetzt nicht selbst loben, aber manchmal kommt es vor, dass mir Dinge eben früher auffallen.«

Die Gruppe liegt schon am Boden vor Lachen, weil allen völlig klar ist, worauf sie hinauswill.

Eine Teilnehmerin wirft ein:

»Ey, sach doch, wie es ist: Du denkst für deinen Chef mit!«

Susanne wird ein bisschen rot.

»Manchmal ist es sogar mehr als das. Wir kennen uns so viele Jahre, und ich weiß genau, wie ich Dinge formulieren muss, damit er selbst auf die Idee kommt, die ich schon vor Wochen hatte. Würde ich die vorschlagen, würde er dichtmachen. Wenn er selbst draufkommt, ist es die beste Idee *ever*!«

»Hast du ein Beispiel, Susanne?«

»Kurz: Bei uns greifen verschiedene Prozesse ineinander, und in einem Arbeitsgang haben wir immer wertvolle Zeit verloren. Dieser Step war nicht nur zeitaufwendig, sondern aus meiner Sicht auch völlig überflüssig. Mein Chef hatte jedoch darauf bestanden, ihn in den Prozess mit einfließen zu lassen. Eigentlich hätte er von allein erkennen müssen, dass das ein Fehler war. Aber so reflektiert ist er nicht.«

»Was hast du gemacht?«

»Ich bin zu ihm hin mit den Worten: ›Ich habe mir den Kopf darüber zerbrochen, an welchem Step es hakt, aber, lieber Chef, ich komm nicht drauf. Du hast doch so viel Erfahrung, sei doch so lieb und guck mal mit mir zusammen drauf. Ich bin mir sicher, dir fällt es sofort auf!‹

Es dauerte drei Minuten, da sagte er: ›Ich glaube, es liegt an diesem Arbeitsgang.‹ Dass der von ihm gekommen war, erwähnte weder er noch ich.

Ich dann: ›Ach, tatsächlich, wie bist du denn darauf gekommen?‹ Und er führte auf, was schon längst offensichtlich war. Der Arbeitsgang wurde entfernt, er behielt sein Gesicht, und wir konnten effizienter arbeiten.«

»Die Alternative wäre gewesen, zu ihm hinzugehen und zu sagen: ›Lieber Chef, der Arbeitsgang hier ist überflüssig, wollen wir den streichen?‹ Das hätte viel Zeit gespart.«

»Stimmt, aber es hätte mir auf längere Sicht wenige Vorteile gebracht. Mein Chef will nicht auf seine Unzulänglichkeiten aufmerksam gemacht werden.«

»Wer will das schon?«

»Richtig. Ich habe es auch schon anders probiert, aber das – auch wenn er es nie zugeben würde – schadet mir an anderer Stelle. Ich bekomme weniger durchgesetzt. So ist es für mich der einfachere Weg.«

Der letzte Satz ist, wenn Sie mich fragen, entscheidend.

Es ist für Susanne der einfachere Weg!

Auf nichts anderes, meine Damen, kommt es mir an.

Es widerstrebt mir im Grunde zutiefst, dass hier mitschwingt: »Halt dich klein, und du hast es bequemer.« Sie können mir glauben, das ist nicht meine Überzeugung.

Aber Susanne, und bestimmt auch die eine oder andere von Ihnen, hat vielleicht jahrelange Erfahrung hinter sich und weiß am besten, wie sie ihre Energie optimal einsetzen kann. Und das ist keine neue Weisheit: Meist ist der einfachere Weg eben auch der bequemere.

Solange es sich für Susanne gut anfühlt, bin ich also dabei.

Aber in dem Moment, in dem Susanne sagt: »Ich finde das doof! Ich will nicht für sieben Parteien mitdenken müssen!«, kann und sollte sie etwas ändern.

Sie erinnern sich an die Acht? Es ist Susannes Acht. Fertig.

Bisschen dumm

Susanne hält ihren Chef bei Laune, indem sie sich selbst ein bisschen dumm stellt. So ist es. Leider. Wir haben schon von anderen Lösungsansätzen gehört und werden uns weitere ansehen, dieser hier ist eben auch einer.

Dieses Sich-dumm-Stellen kommt durchaus häufiger vor. Auch unabhängig vom Job, im »privaten« Alltag.

Wenn Sie schon ein Buch von mir gelesen haben, wird Ihnen die Frau, um die es jetzt geht, ein Begriff sein: meine Oma.

Für alle, die noch nichts über sie wissen, hier eine kurze Einführung:

Eine urkölsche, handfeste Frau, Jahrgang 1930 (sie weilt leider seit über zehn Jahren nicht mehr unter uns), außerdem von den 1950er-Jahren bis Mitte 1980 selbstständige Geschäftsfrau. Sie brachte drei Kinder zur Welt, zwei überlebten, eins davon ist meine Mama.

Meine Oma war intelligent, wahnsinnig clever, schon damals emanzipiert, bildschön und immer zufrieden, obwohl sie ganz sicher manches Mal dazu keinen Grund gehabt hat. Und sie war, Sie werden es erahnen: schlagfertig. Megaschlagfertig!

Meine Oma hatte schon in den 60er-Jahren den Mumm, ihre eigene Acht zu leben. Und damals stand sie auf weiter Flur völlig allein da mit ihrem Modell. Denn arbeitende Mütter, noch dazu selbstständige mit einem kleinen Lebensmittelladen!, waren nicht nur selten, sondern fast schon einzigartig.

Mein Opa arbeitete natürlich auch in dem Laden. Und wenn Sie ihn gefragt hätten, wäre er der Chef, der Macher gewesen. Aber die Realität sah ein bisschen anders aus ... Meine Oma hat ihn das nie spüren lassen. Sie wusste schon in jungen Jahren, welchen Weg sie einschlagen musste, um für sich und die Kinder das Beste rauszuholen.

Vielleicht haben ihr auch die Erfahrungen nach dem Krieg dabei geholfen, als das sogenannte rheinländische Maggeln eng an das eigene Überleben geknüpft war. Als es um das Tauschen und Handeln ging, als man gucken musste: Wie kommst du am besten an das ran, was du zum Leben, gar *Über*leben, brauchst? Fernab von gültigen Währungen wie Geld.

»Geht nicht« gab es für meine Oma nicht. Es ging immer alles, man musste nur herausfinden, wen man als Unterstützer gewinnen konnte. Und das nett und charmant. Aber gerne mit allen Mitteln. Und ein Mittel war es, sich als hoch clevere Frau ein bisschen dumm zu stellen.

Zwei Geschichten, und es gäbe noch viele mehr, möchte ich Ihnen dazu gerne erzählen.

Es war irgendwann in den späten 70er-Jahren, als meine Oma einen zu flotten Reifen fuhr. Sprich, sie war zu schnell mit dem Auto unterwegs. (Wie gut, dass sich so was nicht vererbt!) Es dauerte nicht lange, da wurde sie von einem Polizisten rausgewunken.

»Führerschein und Fahrzeugpapiere, bitte«, forderte er sie auf, nicht wirklich freundlich.

»Aber sicher doch, Herr Oberschutzmeister«, säuselte meine handzahme, über alle Maßen charmante Oma.

»Frau Reu, Ihnen ist klar, wie schnell Sie waren?«

»Nein, nicht wirklich, Herr Oberschutzmeister«, ihr Tonfall immer harmloser.

»Na ja, so schnell, dass Sie dafür mindestens einen Punkt in Flensburg bekommen.«

»Sie, lieber Mann, ich kann leider nicht mit Ihnen nach Flensburg kommen. Was glauben Sie, was mein Mann dazu sagt?«

»*Sie* sollen nicht nach Flensburg, Sie bekommen da einen Punkt!«

»Auf keinen Fall. Ich finde Sie auch sehr nett und charmant, Herr Oberschutzmeister, aber wir zwei, dat gibt nix«, dazu legte sie ihr schönstes Lächeln auf.

»Gute Frau, noch mal: Es gibt ein Strafregister für Autofahrer, das in Flensburg hinterlegt ist, und genau da bekommen Sie einen Eintrag.«

»Herr Oberschutzmeister, ich verstehe Sie ja. Aber noch mal: Ich bin ganz glücklich verheiratet. Wat meinen Sie, was das für einen Ärger zu Hause gibt? Außerdem: Ich kenne den Weg nach Flensburg gar nicht.«

Nach einer schier endlosen Diskussion dann der ziemlich entnervte Polizist zu meiner Oma:

»Wissen Sie was? Fahren Sie einfach weiter! Aber langsamer!«

Und Sie können mir glauben – o Gott, hoffentlich bekomme ich im Nachgang keinen Ärger! –, weder meine Oma noch meine Mutter geschweige denn ich haben jemals ein Knöllchen bezahlen müssen, wenn wir »live« erwischt worden sind. Das liegt bei uns in den Genen.

In der zweiten Geschichte hat meine Oma das Sich-dumm-Stellen vielleicht noch vor einem viel größeren Schaden bewahrt als nur einem Punkt in Flensburg …

Sie war sehr oft allein im Laden. Eines Abends kam ein maskierter Mann durch die Tür und hielt ihr ein Schild hin, auf dem stand: »Geld raus, das ist ein Überfall!«

Meine Oma behielt die absolute Ruhe und sagte mit tiefer Gelassenheit in der Stimme:

»Ich kann die Kasse nicht öffnen, ich putze hier nur.«

»Sofort das Geld!«, brüllte sie der Mann an.

»Guter Mann, das kann ich nicht. Glauben Sie mir, wenn ich könnte, hätten Sie schon alles. Aber ich weiß gar nicht, wie die Kasse funktioniert, tut mir leid.«

Das muss man erst mal hinkriegen – in so einer Situation die Ruhe zu bewahren!

Dann fing sie an, den Mann in ein Gespräch zu verwickeln darüber, wie leid es ihr täte, dass sie nicht weiterhelfen könne, dass sie andernfalls aber aller Wahrscheinlichkeit nach ihren Job verlieren würde und, und, und … Nach nur wenigen Minuten flüchtete der Mann völlig überfordert aus dem Laden.

Meine Oma wurde übrigens mehr als einmal in ihrem Laden überfallen. Immer, wirklich immer konnte sich diese furchtlose Frau selbst retten, und niemals hat sie ihr hart erarbeitetes Geld rausrücken müssen.

Beides sind wahre Geschichten, und natürlich hat meine Oma beide Male mehr Glück als Verstand gehabt.

Aber was dahintersteckt, ist eine so einfache wie effektive Technik, die im Umgang mit besonders schwierigen Exemplaren der Gattung Mann ziemlich sicher zum Erfolg führt: Meine Oma hat den Männern ihre (scheinbare) Autorität gelassen und ist so zu ihrem Ziel gekommen. Nicht aus Überzeugung, sondern als letzte Instanz.

Weil Männer scheinbar besser mit Dummheit als mit Überlegenheit zurechtkommen?

Zu mir hat meine Oma immer gesagt:

»Schatz, du wirst höchstwahrscheinlich oft zu hören bekommen, dass hier für dich Schluss ist. Lass dir gesagt sein: Das stimmt nicht! Nimm alles mit. Mache alle Fehler und lass dich nie kleinhalten.«

Und dass man dafür nicht immer Ellenbogen, sondern manchmal auch Charme braucht, das habe ich von ihr in erster und von meiner Mama in zweiter Instanz gelernt.

Mein Opa, den ich auch über alle Maßen geliebt habe, war im Grunde seines Herzens ein aufrichtiger Macho. Er konnte seine Neigung bei meiner Oma nur nicht so ausleben, aber er war einer. Sein Lieblingsfernsehstar war Ekel Alfred aus »Ein Herz und eine Seele«, und bei dem Spruch »Das ist Punsch, du dusselige Kuh!« habe ich immer gedacht, er würde vor Lachen ersticken. (Mir ging es allerdings genauso.)

Meine Oma ging, was Sie nicht soo sehr überraschen wird, wie alle nachfolgenden weiblichen Generationen, gerne Karneval feiern. Das war aber für die damalige Zeit eher ungewöhnlich. Frauen gingen in der Regel nicht allein. Damals war der Karneval noch sehr steif und fand nach strikten Männerritualen in Sitzungssälen statt.

Wobei, auch heute ist die »Frau« im Karneval noch nicht so richtig angekommen. Wir sind gerne gesehen als Funkenmariechen, aber als feste Größen in die »Bütt« hat es bisher noch kaum eine Frau geschafft. Aber das ist ein anderes Thema, und ich will nicht zum x-ten Male abschweifen …

Auf jeden Fall wollte meine Oma an Weiberfastnacht ausgehen. Das »erlaubte« mein Opa nicht. Also erfand meine Oma ein Alibi und sagte, sie ginge mit einer Freundin in der Metro einkaufen. Damals gab es noch den langen Donnerstag. Sie kam erst morgens um vier Uhr heim. Mein Opa saß wie Ekel Alfred in seinem Sessel und dröhnte in tiefstem Kölsch:

»Kannst du mir ens sache, wo du um die Zick här küss?«

Meine Oma, ad hoc stocknüchtern, aber keine Spur nervös, darauf:

»Ach, du hast ja keine Ahnung, wie voll es in der Metro war!« – winkte ab und ging ins Bett. Diskussion beendet.

(Jetzt waren es doch drei Geschichten über meine Oma, ich hoffe, Sie verzeihen mir.)

Insbesondere die Frauen der frischen Nachkriegsgeneration inspirieren mich unglaublich, wenn es um das Für-sich-selbst-Einstehen geht.

Hier ein berühmtes Beispiel.

In einer Dokumentation über das Leben und Wirken der bekanntesten Juristin der USA, Ruth Bader Ginsburg, mit 85 Jahren noch Richterin am Supreme Court, kommt auch Sharron Frontiero vor, in den 1960er-Jahren eine der ersten Frauen in der U.S. Air Force. Irgendwann stellte sie fest, dass ihre männlichen Kollegen einen Wohngeldzuschlag bekamen, im Gegensatz zu ihr.

»Ich dachte, es handele sich um einen Irrtum, und ging in die Zahlstelle, um das zu klären.«

Die Antwort, die sie von ihrem Kollegen vor Ort zu hören bekam, war:

»Seien Sie froh, dass Sie überhaupt hier sein dürfen!«

»Ich vermutete, der Mann sei ein Fanatiker und eine Ausnahme, aber als ich mich umhörte, merkte ich, dass alle diesen Standpunkt vertraten.«

Bevor ich Ihnen erzähle, wie die Geschichte weitergeht, beleuchten wir doch einmal den gewählten Sprachstil Frontieros. Ich finde ihn schon bis hierhin zum Niederknien.

»Ich dachte, es handele sich um einen Irrtum …«

Frontiero sagte nicht: »Ich überlegte, wo *mein Verhalten* zu einem Irrtum geführt haben könnte, sodass ich diesen Zuschlag nicht bekam« oder gar: »Ich traute mich nicht, danach zu fragen.«

Und zack, sind wir wieder beim Thema Selbstbild. Dieser bemerkenswerten jungen Frau kam es erst gar nicht in den Sinn, den Fehler bei sich zu suchen. Er musste im System stecken. Und weil ihr Selbstbild so astrein war, ging sie schnurstracks hin und wollte das Missverständnis aufklären. Und auch hier schwankte sie nicht und nahm zunächst an, der Mann, der ihr die brüske Antwort gegeben hatte, wäre eine Ausnahme gewesen.

Ladys, ist das nicht ein wunderbares Zeichen dafür, wo alles startet? Bei uns. Und zwar NUR bei uns. Wir reden hier über eine Frau aus den 60er-Jahren bei der Air Force, also quasi über eine Außerirdische. Zumindest für damalige Zeiten.

Doch Frontiero gab sich damit nicht zufrieden und ging zu einem Anwalt mit der naiven Vorstellung, dass ein Schreiben reichen würde. Vielleicht ist »naiv« der falsche Ausdruck, weil immer das Gutgläubige und Dümmliche mitschwingt. Nennen wir es »optimistisch«. Sie war also optimistisch, dass ein Schreiben genügen würde …

Man vermutet es kaum, aber das Militär wurde zur damaligen Zeit nicht oft von Frauen verklagt. Die Herren waren nämlich der festen Überzeugung, dass die Frauen schlicht dankbar zu sein hatten, überhaupt an solch einem Arbeitsplatz tätig sein zu dürfen.

Und jetzt kommt Ruth Bader Ginsburg ins Spiel, damals noch Anwältin: Sie verlor den Fall in der ersten Instanz und zog vor den Supreme Court. Ihre Anklage war so treffend und genial formuliert, dass es auf einmal um die generelle Abschaffung der Diskriminierung aus Gründen des Geschlechts ging.

Ginsburg sagte an dieser Stelle:

»Ich verlange keine Bevorzugung meines Geschlechts, ich verlange nur, dass unsere Brüder ihre Füße von unserem Nacken nehmen.«

Was für ein Satz!

Die heutige Generation gibt sich alle Mühe, den Geschlechterunterschied als quasi »nicht vorhanden« zu deklarieren. Was ich persönlich schade finde, denn ich denke, dass Männer und Frauen sich in vielem sehr wohl unterscheiden. Und ich finde das einzig und allein positiv.

Der Dame aus der U.S. Air Force wollte ihr unfreundlicher Kollege im Prinzip mitteilen: »Sie nehmen hier einem Mann den Platz weg.«

Genau diesen Satz hatte Ginsburg während ihres Jurastudiums in Harvard Jahre zuvor nämlich einmal vom Dekan gehört. Er lud die neun studierenden Frauen (unter fünfhundert Männern) zu einem Dinner ein und fragte in die Runde: »Was tun Sie hier? Jede von Ihnen nimmt einem Mann den Platz weg.«

Dieser Satz bringt es, wie ich finde, wunderbar auf den Punkt. Denn ich kann doch nur jemandem seinen Platz »wegnehmen«, wenn der sich diesem nicht sicher ist. Und das ist dann der Fall, wenn er eben gar nicht der Beste für diese Position ist.

Liebe Angst-um-ihren-Platz-Haber, und hier spreche ich nicht nur die Männer an: Müsst ihr vielleicht einfach *besser* werden, um keine Sorge um eure Position zu haben?

Um die Geschichte zu Ende zu bringen: Ginsburg gewann den Prozess für Frontiero und ging damit in die Geschichte ein.

Allein dank solcher Pionierinnen sind wir doch verpflichtet, dieses Erbe zu schützen und weiter auszubauen. Finden Sie nicht?

Denn im Vergleich zu damals, meine Damen, leben wir heute im Schlaraffenland. Und das ist auch das Gefährliche. Denn im Schlaraffenland neigt man dazu, die Dinge für selbstverständlich zu nehmen. Wenn wir aber Gleichberechtigung für selbstverständlich nehmen und nicht mehr zu schätzen wissen, wie hart der Weg dorthin war, kann das eine ganz andere Ära einläuten.

Angstbefreit

Was die berühmte Richterin mit meiner Oma gemein hat, ist, dass sie Männern gegenüber gänzlich angstbefreit ist. Und vielleicht nicht nur Männern, sondern grundsätzlich dem Leben gegenüber.

Angstbefreite Menschen werden mit Mut und Freiheit belohnt.

Meine Oma hat sich nie von einem Mann abhängig gemacht und mir immer wieder eingebläut:

»Schatz, sieh zu, dass du genug Geld verdienst, dass du deine Kinder und dich im Zweifel allein durchbringen kannst.« Vielleicht hat mich das geprägt.

Diesen Satz hat sich schon meine Mutter von ihrer Mutter angehört und hat ihn mir später vorgelebt.

Ich habe mich finanziell nie von einem Mann abhängig gemacht.

Und wenn es ganz still ist und der Wind gut steht, höre ich meine Oma von oben »Juut jemacht, Schatz!« rufen. Ob Sie es glauben oder nicht, das gibt mir immer wieder Schwung. Klingt vielleicht kitschig, ist aber so.

Gerade vor ein paar Tagen lief auf einem großen privaten TV-Sender das Finale der für mich frauen- und mädchenverachtendsten Show seit Menschengedenken. Die Show, in der jungen Frauen gesagt wird: »Heute habe ich leider kein Foto für dich.«

Ich frage mich so oft, was meine Oma wohl Frau Klum zu

sagen hätte. Vermutlich: »Du schönen Jeck, ich will uch jar kei Foto von dir!«

Ich kann mir diese Art Format nicht anschauen. Mir wird dabei schlecht. Und ich höre auch da, wenn der Wind gut steht, all die Frauenrechtlerinnen sich im Grab umdrehen und ungläubig rufen: »Dafür haben wir für euch gekämpft?« In *Mary Poppins* gibt es ein wundervolles Lied, gesungen von Mrs. Banks, einer Suffragette. In der deutschen Übersetzung heißt es da: »Die Kindeskinder einst besingen, was wir heute für sie erringen …«

Rührt mich jedes Mal zutiefst.

Aber singen wir das Lied heute noch laut genug? Ich glaube nicht.

Auch sehr beeindruckt hat mich der Film *Hidden Figures – Unerkannte Heldinnen,* die Geschichte dreier afroamerikanischer Frauen, die in den 1960er-Jahren für die NASA gearbeitet haben. Zu einer Zeit, in der schwarze Frauen ihre Büros im Keller hatten und auf separate Waschräume verwiesen wurden. Was haben diese Frauen für ihr Recht gekämpft?! Sind vor Gericht gezogen, um studieren zu dürfen. Weil das ihre Acht war.

Haben wir heute überhaupt noch eine Ahnung, wie es ist, so für seine Acht einstehen zu müssen? Für sie zu kämpfen? Vor allem dann, wenn man allein auf weiter Flur ist? Vermutlich nicht.

Jetzt können Sie natürlich argumentieren, dass es eben die Acht von Heidi Klum ist, so eine Sendung zu moderieren, und auch die Acht der ganzen jungen Frauen, bei der Sendung mitzumachen. Aber dann antworte ich: Nee!

Die Frage ist: Wovon ist diese Acht denn getrieben? Frau Klum macht ihren Job nicht ehrenamtlich. Diese Acht ist von nichts anderem als von Geld motiviert und spricht

Menschen an, die ihren Weg noch gar nicht gefunden haben. Die auf der Suche sind. Auf der Suche nach guten Vorbildern. Und Vorbilder, die von Geld getrieben sind, die nur vorgeben, an der Entwicklung junger Frauen interessiert zu sein, die kann ich persönlich nicht für voll nehmen, nichts für ungut.

Vielleicht liegt der Schlüssel tatsächlich in dem Begriff »angstbefreit«.

Wovor haben wir Frauen Angst? Wovor hat der Mensch Angst?

Dazu gibt es unterschiedliche Theorien. Wenn wir auf Freud hören, dann wird der Mensch nur von zwei Dingen gesteuert: Aufmerksamkeit und Trieb. Heißt das im Umkehrschluss, dass wir Angst davor haben, nicht genügend Aufmerksamkeit zu bekommen, nicht geliebt zu werden? Vielleicht genau das …

Die Frauen, die ich erlebt habe, die unter ihren Möglichkeiten bleiben, waren oftmals geprägt von schlechten Erfahrungen und von der Angst der eigenen Verletzlichkeit. Manchmal war es auch eine Kombination aus beidem: Haben sie sich in ihrem Leben einmal verletzlich gezeigt, waren die Reaktionen darauf so demütigend, dass nur eine schlechte Erfahrung haften bleiben konnte.

Erschreckenderweise sehe ich hier eine deutliche Parallele zu einer schweren Erkrankung. Nach meiner Diagnose »Brustkrebs« nahm ich die erste Zeit eine fiese Habtachtstellung ein.

Können Sie sich das bildlich vorstellen? Eine ängstliche Person, die hinter jeder Ecke das Böse, im konkreten Fall Metastasen, lauern sieht?

Wie wirkt eine solche Person auf Sie? Glauben Sie, dass sie über sich hinauswachsen kann? Höchstwahrscheinlich nicht.

Wenn Sie im Meeting von dem Kollegen den blöden Einwurf zu hören bekommen: »Das war schon alles, was du vorbereitet hast?«, und Ihnen fällt darauf keine schlagfertige Antwort ein, dann werden Sie ab sofort bei diesem Kollegen eine Habtachtstellung einnehmen. Und beim nächsten Meeting vermutlich denken: *Was wird er mir heute reindrücken?* Das lenkt vom Wesentlichen ab. Vom Meeting und vom Leben.

Nach einer so schlimmen Diagnose wie meiner hat man Angst, sich wieder auf das Leben einzulassen, zu fliegen, weil man hinter jeder Ecke etwas Schlechtes vermutet. Schlicht aus der Erfahrung heraus. Wenn man also nicht so hochfliegt, hofft man, dass der Sturz nicht so wehtun wird.

Meine Sichtweise ist aber: Lösen Sie die Handbremse! Fliegen Sie! Ganz egal, wie oft Sie schon gefallen sein mögen.

Und ja, Sie und ich, wir alle werden wieder fallen. Und das tut weh. Weil wir verletzliche Menschen sind. Und weil das zum Leben dazugehört.

Angst ist wahrscheinlich der größte Bremsklotz im Leben. Aber wissen Sie, was das Schöne ist: Sie haben Ihre Angst selbst in der Hand. Sie bestimmen, wie viel Aufmerksamkeit, wie viel Zeit Sie ihr einräumen. Das rottet sie nicht aus, aber es hilft bei der Einordnung.

Fakt ist, Angst steht uns im Weg. Bei nahezu allem:
bei einem neuen Job.
Bei dem Gehaltsgespräch.
Bei einer neuen Liebe.

Und was ist auch die Alternative? Aus Angst all das sein lassen? Dem Leben entsagen? Sich für weniger Gefühl und so für weniger Verletzlichkeit entscheiden? Die Antwort muss jede und jeder für sich allein treffen.

Wann ist eine Frau eine Frau?

Einmal lauschte ich einer Speakerin eines großen Unternehmens. Es war die Auftaktrede für einen gemeinsamen Weiterbildungstag, an dem ich ein Schlagfertigkeitsseminar geben sollte. Die Ausgangssituation war »allein unter Frauen«. Bis auf zwei CEOs waren nur Ladys anwesend. Von der Berufseinsteigerin bis hin zur langjährigen Mitarbeiterin. Es hatten sich Frauennetzwerke mehrerer Firmen zusammengetan und diesen Weiterbildungstag gemeinsam organisiert. Ich bin oft zu Gast auf solchen oder ähnlichen Veranstaltungen. Und es erschreckt mich, dass ich von den Gleichstellungsbeauftragten, die diese meist organisieren, immer das Gleiche höre:

»Es wird leider nicht so gut angenommen«, gefolgt von: »Eigentlich müssten es viel mehr Frauen sein.«

Ich gebe den Damen da so was von recht. Es zeigt mal wieder, wie netzwerkunfreudig wir sind. In diesem Fall hätten es über 4000 Frauen sein können, wenn alle Mitarbeiterinnen der drei Firmen das Angebot angenommen hätten. Gekommen sind 120. Der Weiterbildungstag war ein Riesenerfolg. Manchmal kommt es mir so vor, als suchten wir so lange nach Ausreden, bis wir einen Grund haben, nicht teilzunehmen an solchen Fördermaßnahmen. Das können wir natürlich machen, aber dann dürfen wir uns im Nachgang nicht beschweren, dass so wenig für uns getan wird. Und meine Erfahrung ist: Es wird eine Menge getan.

Die Gleichstellungsbeauftragten dieses Landes, der einzelnen Städte und Regionen, Verbände, Vereine und Firmen reißen sich zum Teil ein Bein aus. Was werden da für tolle Events aus dem Boden gestampft? Aber, Ladys, hingehen müssen Sie dann schon selbst. Und hier netzwerken, Kontakte knüpfen und letztlich Business betreiben. Das sind sonst alles verpasste Chancen.

Zu Beginn des oben genannten besonderen Tages sprach nun eben die Geschäftsführerin eines komplett männerbesetzten Berufszweigs.

Sie berichtete enthusiastisch, wie sie dahin gekommen ist, wo sie heute ist. Was bei mir hängen geblieben ist: mit Fleiß, Ausdauer, guter Arbeit und Standhaftigkeit.

Das klingt vielleicht banal, ist es aber nicht. Mich hat die Frau schwer beeindruckt, allein mit ihrer Ausdrucksweise.

Die Frauen hingen an ihren Lippen, und irgendwann durften Fragen gestellt werden.

Wie alt sie sei, wollte eine Dame wissen. Die Speakerin war sehr attraktiv, sportlich-elegant und wirkte in sich ruhend, sodass auch ich nur schwer ihr Alter schätzen konnte.

»42.«

Sie hatte in der gesamten Rede nichts Privates erwähnt, daher verwunderte mich die nächste Frage, »Haben Sie Familie?«, nicht.

»Nein. Weder Mann noch Kind. Das ist nicht zu vereinbaren.«

Sie glauben nicht, was da für ein Raunen durch die Menge ging. Das gesamte Bild der Superwoman hatte sich mit einem Mal verändert. Die Frauen waren, ja, *enttäuscht*. Insbesondere die jungen Frauen. Sie hatten sich eine andere Antwort erhofft. Eine, die besser in ihre heile Welt passt. Vielleicht so:

»Ja, ich habe zwei Kinder, für die ich mir jeweils ein Jahr Auszeit genommen habe. Seitdem teilen mein Mann und ich die Zeit zu Hause untereinander auf. In meiner Firma ist Homeoffice schon lange kein Diskussionspunkt mehr.«

Stattdessen untermauerte sie ihre Antwort mit:

»Ich musste mich entscheiden. Diese Position verlangt 150 Prozent, und das wäre mit Kindern nicht möglich gewesen.«

Nur hörte diese Untermauerung niemand mehr, weil alle anwesenden Frauen sich aufgeregt miteinander unterhielten. Und die Wortfetzen, die ich herausfilterte, waren eindeutig: »Das möchte ich nicht«, »Ich möchte beides«, »Was für ein hoher Preis« …

Plötzlich hing keine mehr an ihren Lippen, und auch keine bewunderte sie mehr, zumindest soweit ich das deutete. Es kam mir fast sogar vor, als schwebten über dem Plenum die Fragen: Wann ist eine Frau eine Frau? Wann hören wir zu? Wer darf uns überhaupt etwas sagen?

Ganz wichtige Fragen. Vor allem für junge Frauen, die noch dabei sind, sich ihr eigenes Modell zu bauen, und der festen Ansicht sind, dass Job und Familie vereinbar sind. Hier hatten sie eine Persona non grata vor sich, die da sagte: Ist es nicht!

Tja, meine Damen. Und wie sehen Sie das?

Ab wann ist eine Frau eine Frau?

Wenn sie eine Megakarriere macht oder wenn sie Kinder bekommt?

Auch ich fing an diesem Morgen an zu überlegen.

Diese Frau da vorne machte alles andere als einen unglücklichen Eindruck, und trotzdem dachte ich: *Na, hoffentlich bereust du das nicht irgendwann.*

Wie anmaßend von mir.

Wir reden schließlich wieder über die individuelle Acht.

Ich wollte immer Familie. Und immer Kinder. Und wenn der Krebs nicht dazwischengekommen wäre, hätte ich vermutlich noch ein drittes, vielleicht sogar ein viertes bekommen. Weil für *mich ganz persönlich* Kinder der Sinn des Lebens sind. Sie sind das, was bleibt. Alles andere nehmen wir mit. Aber: Der Job als Mama allein füllt mich nicht aus. Insofern ist es vielleicht sogar gut, dass ich kein weiteres Kind bekommen habe, weil ich mir selbst eingestehen muss, dass ich einen gesunden Egoismus, gepaart mit Narzissmus, an den Tag lege, was mit zwei Kindern gerade noch so vereinbar ist. Meine Kinder sind meine Welt, aber nicht meine einzige. Ihr Wohl steht an erster Stelle, aber mein Wohl beeinflusst auch ihr Wohl. Sprich, wenn es mir gut geht, bin ich auch eine gute Mama. Meine Acht.

Aber zu dieser Acht gehörte ja nun eine Menge Glück. Was wäre denn gewesen, wenn ich meinen Mann nicht so früh kennengelernt hätte? Wenn der Krebs einen Strich durch meine Familienplanungsrechnung gemacht hätte? Wäre ich dann weniger Frau? Doch ganz sicher nicht. Zumindest nicht aus meiner Sicht. Aber aus der der Gesellschaft?

Die Speakerin lebt eine andere, mit Sicherheit wohlüberlegte Acht. Und anstatt über sie zu urteilen, könnte man ihr oder anderen Frauen, die sich bewusst gegen Kinder entscheiden, zuhören. Bevor wir das gemeinsam tun, möchte ich aber auf zwei weitere Punkte zu sprechen kommen.

Erstens, bitte stellen Sie sich das Szenario in einer reinen Männerrunde vor. Das gesamte Setting. Und auf die Frage, ob der CEO Familie habe, sagt dieser: »Nein, das hätte sich nicht vereinbaren lassen.«

Was glauben Sie, wäre passiert? (Davon abgesehen, dass ich so einen Satz noch nie von einem Mann gehört habe, weil er ja eine Frau hat, die die Vereinbarkeit sehr häufig ermöglicht.) Glauben Sie, die männlichen Kollegen hätten ihn dafür entthront? Wäre er weniger Mann?

Ich vermute, nein. Vielleicht sogar im Gegenteil. Er hätte noch den »Der weiß genau, was er will«- oder »Wie verantwortungsbewusst!«-Stempel verpasst bekommen. Und wären wir als Frau unter den Zuhörern gewesen, hätten wir vielleicht einen winzigen Keim in uns wispern hören: »Ach, wenn der die Richtige trifft, die ihm den Rücken frei hält …«

Ich war tatsächlich mal Zuhörerin eines ähnlichen Vortrags von einem Mann, genauer: von einem Politiker, allerdings am Ende seiner Karriere. Er wurde gefragt, ob er heute irgendetwas anders machen würde. Seine Antwort: »Mehr Zeit mit meinen Kindern verbringen. Die hatten nichts von mir, das hat alles meine Frau übernommen. Meine Frau hat unsere drei Jungs quasi im Alleingang großgezogen, wofür ich ihr unendlich dankbar bin.«

Toll! Toll, dass er es gesagt und gewürdigt hat, wenn auch erst jetzt.

Stellen Sie sich genau denselben Satz mal von einer Frau am Ende ihrer Karriere vor. Was würde da alles mitschwingen?

Merken Sie, wie weit wir noch von der Gleichberechtigung entfernt sind?

Das ist auch ein Stück weit logisch, denn kein Gesetz der Welt setzt die Natur außer Kraft: Wir sind es, die die Kinder bekommen. Fertig. Und das ist auch gut so, ich bin dankbar für die Erfahrung. Aber bei allem, was danach kommt, ist noch ein bisschen Luft nach oben.

Und zweitens ist mir wichtig, die Art und Weise hervorzuheben, wie die Sprecherin aus unserem Anfangsbeispiel mit dem offensichtlichen Gegenwind umgegangen ist: wie ein Fels in der Brandung. Sie blieb standhaft. Im übertragenen sowie im eigentlichen Sinn.

Nicht wackeln

Aber was bedeutet Standhaftigkeit? Bei dieser Lady konnte ich es regelrecht sehen. Sie blieb ganz bei sich, ließ sich nicht beirren und stand für sich ein – und damit auch für all die Frauen, die ein ähnliches Modell wählen. Und man konnte ihr deutlich ansehen, dass a) sie damit gerechnet hatte, dass die Frauen ab dem »verheerenden Satz« nur noch mit sich beschäftigt sein würden, und b) das aber nicht ihre Baustelle war. Ich bin mir sicher, das kommt von der Übung einer Frau, die sich in einer männerbesetzten Welt durchsetzen muss.

Standhaftigkeit ist eine Technik, die ich immer als Bild vor mir sehe: Eine Frau mit festem Stand steht da wie ein Fels. Und alle versuchen, sie umzuschubsen. Sie aber lässt sich nicht umhauen. Sie bleibt einfach stehen und wehrt alles ab. Was braucht es dafür? Überzeugungen! Nicht verhandelbare Überzeugungen. Diese Frau ist offen für die Diskussion in allen inhaltlichen Punkten, aber nicht an ihrer Person. Sie steht da mit einem Selbstverständnis, dass sie genau da und jetzt und so stehen darf. Sie steht für sich und ihre Überzeugungen ein, und das auch nach Kommentaren, die sie mit Attributen belegen wie »dickköpfig«, »engstirnig« oder »uneinsichtig«. Das ist sie alles nicht. Sie ist nur standhaft.

Miteinander statt übereinander reden

Zurück zur »Kinderfrage«. Warum entscheiden sich Frauen bewusst gegen Kinder? Es lässt sich da vieles mutmaßen, aber wir können auch einfach nachfragen.

Ich spreche mit Lili Lorenz. Ich habe sie als freie PR-Profifrau kennen- und schätzen gelernt. Sie ist verheiratet, blitzgescheit, bildschön, sodass es von außen betrachtet allen Grund gibt, Nachwuchs in die Welt zu setzen.

Lili, kannst du noch zählen, wie oft du gefragt wurdest: »Und, wann kommt was Kleines?«
Haha, die Frage »Und was ist mit Kindern?« wurde mir schon ein paarmal gestellt. Noch häufiger aber wurde sie wohl gedacht, besonders nachdem ich geheiratet habe und wir von der Stadt aufs Land gezogen sind.

Was antwortest du darauf?
In der Regel ganz direkt, dass ich keine Kinder möchte und das schon als Teenager wusste. Und dass ich das auch sehr schnell meinen Partner habe wissen lassen und froh bin, dass er auch ohne Kinder glücklich sein kann.

Jetzt sage ich es dir ganz ehrlich: Auch ich habe mich gefragt: Warum will Lili wohl keine Kinder haben? *Du hast einen tollen Mann, bringst wunderbare Gene mit, aus meiner Sicht wartet die Welt auf Kinder von euch. Warum möchtest du keine?*
Die Frage ist durchaus berechtigt. Bei vielen ist sie leider aber häufig mit Unverständnis und dem Vorwurf des Egoismus verbunden. Dem möchte ich klar entgegentreten. Ich möchte keine Kinder, stimmt. Aber nicht, weil ich *egoistisch* bin und zum Beispiel meine Karriere oder das Reisen vorziehe. Ganz im Gegenteil. Für mich ist eher der Gedanke egoistisch, Kinder in die Welt zu setzen, damit ich später mal nicht allein bin.
Weshalb ich mich schon sehr früh gegen eigene Kinder entschieden habe, hat mehrere Gründe. Rückblickend war si-

cher die Scheidung meiner Eltern ausschlaggebend. Damals war ich zwölf Jahre alt. Ich bin bei meinem Vater geblieben, meine drei Geschwister bei meiner Mutter. Uns vier Kinder hat das sehr zusammengeschweißt, auch wenn jeder anders damit umgegangen ist. Für mich war klar: Ich will nicht, dass mein Kind sich irgendwann vielleicht wie ich zwischen Mutter und Vater entscheiden muss. Heute weiß ich, dass das auch anders geht, dass eine Trennung der Eltern auch »kindgerecht« sein kann.

Damals wurde mir aber auch schon klar, dass die Welt kein Kind von mir braucht. Es gibt so viele andere Menschen und vor allem auch Tiere, denen es nicht gut geht, die allein und traurig sind. Ihnen wollte und will ich bis heute meine Liebe und Aufmerksamkeit schenken. Vor allem ältere Menschen und der Tierschutz liegen mir sehr am Herzen.

Das ist wohl der eigentliche Grund.

Mit der Sterilisation vor einem Jahr wurde die Entscheidung endgültig. Ich hätte das schon früher gemacht, aber erst als ich vierzig wurde, haben die Ärzte eingesehen, dass meine »Familienplanung« wirklich abgeschlossen ist. Meine Familie sind mein Mann, meine Katzenkinder, meine Eltern, Geschwister und Neffen. Interessanterweise bin immer ich diejenige, die die Großfamilie zusammenhält, die, die Kontakt zu allen Cousinen und Tanten hält. Ich bin eindeutig ein absoluter Familienmensch, nur eben ohne eigene Kinder.

Was sagt deine Umwelt und deine Familie?

Für die meisten meiner Freunde/innen gehören Kinder einfach zum Lebensinhalt dazu. Das akzeptiere ich. Und sie akzeptieren, dass ich diesen Wunsch nie verspürt habe und mich darüber hinaus bewusst gegen eigene Kinder entschieden habe. »Fremde« oder Bekannte denken wohl eher, dass wir keine Kinder bekommen können. Die bewusste Entscheidung dagegen bindet man ja auch nicht jedem gleich auf die Nase.

Meine Familie hat immer wieder nachgefragt und wohl gedacht, dass ich meine Entscheidung noch mal ändere. Inzwischen ist es aber auch angekommen. Das Gute: Alle meine drei Geschwister haben je zwei Kinder. Somit war ich aus der »Schusslinie«, und ich genieße es sehr, die coole Tante zu sein. Dass ich keine eigenen Kinder habe, heißt ja auch, dass ich mich voll und ganz meinen Neffen widmen kann, und das macht mich für sie noch attraktiver.

Was würdest du dir von anderen Frauen wünschen?
Dass sie solch eine Entscheidung akzeptieren und vor allem nicht als »egoistisch« abtun, ohne hinter die Kulissen zu schauen. Dass eine Frau keine eigenen Kinder haben möchte, heißt nicht, dass sie Kinder nicht mag oder sich selbst am nächsten steht. Ich bin das beste Beispiel.

Überlebensstrategie (mal wieder):

• Frauenloyalität!

Lass stecken!

Ich gehe seit fast zwei Jahren jeden Tag laufen. Mal jogge ich, mal gehe ich, mal schnell, mal langsam, ganz so, wie ich (!) das möchte.

Ab und an treffe ich in der freien Wildbahn auf andere Menschen. Gerne auch auf ältere, spazieren gehende Männer jenseits der sechzig.

Ich schwöre Ihnen, ich habe es noch nie, wirklich nie erlebt, dass einer dieser Herren *keinen* Kommentar abgibt. Ich habe immer Musik auf den Ohren, aber die drehe ich, beim Sichten eines entsprechenden Herrn, gerne mal ein bisschen leiser. Aus Recherchegründen. Ich will Ihnen ja davon erzählen. Zunächst einmal, liebe Damen, haben Sie das schon mal gemacht?

Also, haben Sie einen Mann (oder einer Frau) beim Joggen jemals bewertende Kommentare zugeworfen? Ich noch nie! Im Gegenteil, ich bekomme eher ein schlechtes Gewissen, dass ich nicht selbst in Sportklamotten stecke.

Aber diese Herren sagen so wahnsinnig sinnvolle Dinge wie:

»Hopp, hopp, hopp!«

Oder:

»Schneller, Mädchen, schneller!«

Manchmal auch:

»Dat sieht juuut aus!«

Selbiges stelle ich auch mit großer Belustigung beim Einparken fest. Gerne wieder die Herren über sechzig, die sich neben mein Auto stellen und checken, ob ich alles richtig mache. Mittlerweile drehe ich die Scheibe runter und frage: »Lieber Herr Oberkontrolletti, was meinen Sie? Geht das so?«

Ich will diesen Herren weder eine böse noch sexistische Absicht unterstellen. Mich interessiert einfach nur brennend: Was stimmt da bitte nicht? Woher kommt dieser Drang? Wo rührt das her?

Ich würde ihnen so gerne hinterherrufen:

»Braucht ihr gar nicht! Ich laufe auch wunderbar ohne bewertende Kommentare weiter.«

Vielleicht sehen sich Männer selbst schneller als Profis an.

Wer schon mal in einem Fußballstadion war und den 20 000 Co-Trainern auf der Tribüne zugehört hat, weiß, wie ich darauf komme.

Ich durfte vor Kurzem als Gast bei einem Frauennetzwerktreffen von Ingenieurinnen reden. Und wie immer, wenn ich die Gelegenheit habe, höre ich mir auch gerne die Vorträge der anderen an. In diesem Fall erzählte eine gestandene, erfahrene und erfolgreiche Ingenieurin, dass sie es neulich mit zwei jungen Kollegen zu tun hatte, die frisch nach der Uni ein Architekturbüro gegründet und die Firma »Experten« (übersetzt, denn es war ein ausländischer Begriff) genannt hatten.

Sie sagte ganz trocken: »Dieses Selbstbewusstsein frisch nach der Uni ohne Berufserfahrung, das hätte ich gerne gehabt. Mir fällt es heute noch schwer, nach 25 Jahren, mich als Expertin zu bezeichnen.«

Vielleicht liegt genau hier der Hase im Pfeffer begraben.

Ich habe dem *Spiegel* mal ein Interview gegeben, das die Redakteurin folgendermaßen begann: »Ach, toll! Mir sagen viele Frauen, die ich als Expertin befragen will, ab.«

»Klotzen statt kleckern« ist für viele Frauen ein wahnsinniges Problem. Erfahrungsgemäß sogar: je intelligenter, desto problematischer. (Sollte ich mal drüber nachdenken …)

Wie oft stehe ich vor Frauen aus den MINT-Berufen, Frauen die sooo viel Wissen und Können mitbringen, dass mir die Ohren schlackern, aber wenn ich sie frage: »Was ist Ihre Antwort auf den Einwand der Kollegin: ›Na ja, das Rad haste nicht gerade neu erfunden‹?«, ernte ich Schweigen.

Zu 99 Prozent Schweigen.

Von Frauen, die mir ad hoc Einsteins Relativitätstheorie erklären könnten, sind 99 Prozent bei fiesen Anmerkungen wie »Das Rad hast du nicht neu erfunden« raus.

Wenn Sie mich fragen, dann auch deswegen, weil ihr Anspruch an sich selbst zu hoch ist. Vorher frage ich oft: »Was ist für Sie Schlagfertigkeit?« Und meist bekomme ich zu hören: »Eine witzige und intelligente Antwort!« Ersteres kann ich Ihnen zeigen, zweites eben nicht immer.

Fakt ist aber, die Aussage mit dem Rad ist auch nicht gerade Kafka und verlangt also nicht nach Goethe als Antwort. Ihre eigene Intelligenz steht den Frauen oft im Weg. Dieses viele, viele Denken.

So hart es klingt, Schlagfertigkeit ist eigentlich genau das: weniger denken. Einfach raushauen. Deswegen können Männer das oft besser. (Gemein, ich weiß!) Und eben auch, sich von dem Gedanken frei machen, was das Gegenüber von einem hält.

Glauben Sie mir, den Herren, die mir »Hopp, hopp, hopp« hinterherrufen, ist das wurscht, was ich von ihnen denke! Und selbst wenn ich Lust habe, etwas zu erwidern, kann ich an ihnen nicht den Hauch eines Selbstzweifels entdecken.

Jetzt wollen Sie gerne wissen, was ich denen antworte, ne? Das verrate ich Ihnen aber nicht. Wäre Ihnen zu frech.

Ich sage nur: Größtenteils überhöre ich die Kommentare einfach.

Vielleicht möchten Männer auch einfach das Gefühl haben, dass sie zu allem etwas zu sagen haben. Dass sie, als »starkes Geschlecht«, am längeren Hebel sitzen.

In der Schreibphase dieses Buches erzähle ich auf dem heimischen Hof genau von diesem Kapitel. Meine Mutter liegt vor Lachen auf dem Boden, mein Vater sagt ganz trocken: »Also ›Hopp, hopp, hopp!‹ geht gar nicht. Aber ›Respekt!‹ würde ich wahrscheinlich auch sagen.«

»Wenn du DAS schreibst«, wirft meine Mutter ein, »schreib gleich dazu ›… sagt der Ex-Mann meiner Mutter‹!«

»Warum? Die Dame freut sich doch darüber«, erwidert mein Vater im Brustton der Überzeugung.

»Nee, Papa, also ich würde mich nicht freuen.«

»Auch nicht ein bisschen?«, rückversichert er sich.

»Nee. Wie kommst du denn darauf, dass du das Joggen einer Frau bewerten müsstest? Jetzt sag mir nicht, dass du einer Frau applaudieren würdest, wenn sie gut rückwärts eingeparkt hat.«

»Applaudieren nicht, aber ein ›Toll gemacht!‹ gäb's bestimmt.«

Meine Mutter verlässt den Tisch. Ich hoffe, nur den Tisch. Ich nutze die Gunst der Stunde und will es genauer wissen.

»Warum Papa?«

»Warum, denn nicht?«

So, und damit können wir zumindest eines festhalten: Es geschieht – zumindest bei meinem Papa, Jahrgang 1950 – ohne jegliche böse, anmaßende Absicht.

»Ich käme nicht auf die Idee«, wirft mein Mann, Jahrgang 1977, ein.

»Das beruhigt mich sehr, Hase.«

»Also, ich finde, man kann das ruhig mal sagen«, verteidigt mein Vater sich weiter.

Ja, klar kann man das. Aber, und das habe ich meinem Vater versucht zu vermitteln, es gibt Frauen, mich zum Beispiel, die finden das überflüssig, sogar übergriffig.

Ich habe aus dem Gespräch gelernt, dass ich den Herren in Zukunft etwas freundlicher gegenübertrete, weil ich im besten Fall davon ausgehe, dass sie Absichten allerbester Natur hegen. Wie mein eigener Vater.

Überlebensstrategie:

- Großzügig sein!

Wenn zwei dasselbe tun …

Geschichte 1:
Erfolgreicher Sportler, verheiratet, Kinder, schwängert eine Dame in der Besenkammer. Okay, »schwängern« trifft es nicht wirklich. Es ist eher ein »Verhilft ihr zum Schwangerwerden«. Die Welt kann es kaum glauben, viele denken an Rufmord, bis das Kind zur Welt kommt.
Konsequenzen für den Mann: Scheidung, Berichterstattung, Werbeverträge.

Geschichte 2:
Erfolgreicher Sportler, mittlerweile Funktionär, mit königlichem Spitznamen, bekennt sich zu mindestens einem weiteren unehelichen Kind.
Konsequenzen für den Mann: Die Frau bleibt bei ihm, denn die Ehe ist »stark«, Berichterstattung, Werbeverträge.

Geschichte 3:
Wieder erfolgreicher Sportler, geht, während seine Frau in den Wehen liegt, offensichtlich fremd.
Konsequenzen für den Mann: Scheidung, neue Frau, Berichterstattung, Werbeverträge.

Geschichte 4:
Ex-Bodybuilder, Schauspieler und späterer Politiker, betrügt seine Frau 13 Jahre lang mit einer Hausangestellten und hat

einen gemeinsamen, unter demselben Dach lebenden Sohn mit ihr.

Konsequenzen für den Mann: Scheidung, Berichterstattung, politische Karriere.

Hach, wir könnten ein ganzes Buch draus machen!

Gucken wir uns im Vergleich nur eine *einzige* Geschichte einer bekannten Frau an. Hera Lind. Ich wähle sie, weil ich sie beim *Kölner Treff* selbst kennenlernen durfte.

Hera Lind hat im Prinzip das Genre »Frauenroman« mit »Das Superweib« erfunden.

Frau Lind hat vier Kinder, war liiert und hat sich in einen anderen Mann verliebt. Das bestehende Konstrukt wurde aufgelöst, und sie entschied sich für den neuen Mann an ihrer Seite. Kinder, Ex-Mann, alle waren im Boot, nur die Öffentlichkeit nicht.

Konsequenzen für die Frau (nach eigenen Angaben):

Der Verlag wendete sich ab, ihre Bücher wurden zum Schleuderpreis verkauft, Vorschüsse wurden zurückverlangt, dazu vernichtende mediale Berichterstattung mit der Konsequenz, das eigene Heim zu verlassen.

In dem Auftritt sprach sie ganz offen drüber, auch über die finanziellen Schwierigkeiten, die sich plötzlich auftaten.

Erkennen Sie den Fehler?

Wir leben im 21. Jahrhundert, und noch immer gilt: Wenn zwei dasselbe tun, ist es noch lange nicht das Gleiche.

Ich will hier gar nicht auf das Thema »Ehe und Treue« hinaus, nur auf das zweierlei gemessene Maß, mit dem die Öffentlichkeit über Frauen und Männern richtet.

Von wem geht das aus?

Ich fürchte, auch das können wir nicht blind den Männern in die Schuhe schieben. Auch wir Frauen lästern doch gerne – und wenn es nur beim Kaffeeklatsch ist – über solcherlei Dinge.

Ich will auch gar nicht erreichen, dass über die Männer »gerichtet« wird. Ich will mir da am liebsten gar kein Urteil erlauben, weil ich die Details nicht kenne.

Ich wünsche mir lediglich, dass alle gleichbehandelt werden. Nicht nur bei diesem Thema, sondern bei *allen* Themen.

Als Uli Hoeneß wegen Steuerhinterziehung schuldig gesprochen wurde, und das völlig zu Recht, war der Aufschrei nicht so groß, wie das – bei viel kleinerer Summe – bei Alice Schwarzer der Fall war.

Gleiches Recht für alle, bitte.

Stellen Sie sich nur mal vor, meine Blitzehe mit Sebastian Fitzek wäre kein Scherz gewesen. Ich würde meinen Mann für einen anderen Mann verlassen. Ich lese die Überschriften schon im Geiste:

**Während der Krankheit war er gut genug,
mit dem Erfolg wird er abgesägt**

**In guten wie in schlechten Zeiten?
Nicht für Staudinger!**

**Sie predigt Solidarität unter Frauen und
spannt einer anderen den Mann aus**

Ich käme da als Frau wahrscheinlich nicht unbeschadet raus. Ich kenne Männer, die nehmen sich das Recht einer Geliebten als völlig selbstverständlich heraus. »Ich bin erfolgreich, ich ernähre die Familie. Das steht mir zu.« Punkt.

Und ich kenne auch viele Ehefrauen, die das still und heimlich akzeptieren. Aus den unterschiedlichsten Gründen.

Ich kenne allerdings nicht so viele Frauen, die sich das Recht einer Affäre herausnehmen, zumindest nicht öffentlich.

Warum eigentlich nicht?

Wenn wir über Gleichberechtigung reden, dann müssten wir uns das eigentlich auch zugestehen. Zumindest sollten wir nicht darüber richten und urteilen, wenn andere Frauen es tun.

Ich will hier auf keinen Fall zum Fremdgehen animieren. Ich will nur deutlich machen, dass sich Gleichberechtigung nicht nur auf Führungspositionen und Gehalt auswirkt, sondern auf viele andere Bereiche des »normalen« Lebens.

Was können wir tun?

Bis alte Denk- und Verhaltensstrukturen aufgebrochen werden, vergehen vermutlich noch Jahrzehnte. Das haben wir größtenteils nicht in der Hand.

Was wir in der Hand haben, ist der Umgang unter uns Frauen. Und das ist schon eine ganze Menge. Dazu gehören unser Wording, unsere Formulierungen und unsere Großherzigkeit.

- Magazine mit Überschriften wie »Liebes-Aus! Welche Frau macht so was?« im Regal liegen lassen
- Uns mit hetzenden Kommentaren in den Social Media zu Privatangelegenheiten der einen oder anderen Frau in den Medien zurückhalten (übrigens las ich letztens von dem Vorschlag, für jeden abgegebenen Kommentar zahlen zu müssen. So doof ist das gar nicht)
- »Jeder Jeck ist anders« *leben* und nicht nur vorgaukeln, uns gegenseitig stärken, schützen und fördern mit der einzigen Begründung: weil wir alle Frauen sind!

Dann haben wir das erreicht, was heute in unserer Macht steht.

Ich bin davon überzeugt, dass wir uns nicht gegen die Männer »wehren« müssen. Und dass Gleichberechtigung eine Holschuld ist. Solange noch über sie gesprochen wird, ist sie nicht selbstverständlich. Die Opferrolle steht aber keiner von uns gut. Sich zurücklehnen, die Beleidigte spielen und sich als zu kurz gekommen fühlen setzt keine Handlungsvollmachten frei.

Meine Damen, noch mal: Wir haben es in der Hand. Ich bin ganz, ganz fest davon überzeugt. Wir müssen uns dessen nur bewusst werden.

Musik an?!

Ich liiiiiiebe es, zu meinen Lieblingsliedern im Auto laut mitzusingen. Etwas enttäuschend ist für mich, wenn der Interpret nicht ganz so textsicher ist, aber ich sehe großzügig darüber hinweg.

Es gibt Lieder, die motivieren mich enorm. Noch effektiver: Lieder in Kombination mit Filmszenen. Mein absoluter Geheimtipp: Wenn Sie mal einen schlechten Tag haben, gucken Sie auf *YouTube* die Szene aus *Club der Teufelinnen*, in denen Bette Midler, Goldie Hawn und Diane Keaton *You don't own me* singen. Wenn Sie danach keine Weltherrschaftspläne entwickeln wollen, kann ich Ihnen auch nicht mehr helfen.

Ganz einfach: Musik macht mit den meisten Menschen etwas, sie berührt sie.

Ich singe oft jahrzehntelang Lieder falsch mit, ohne auch nur *einmal* wirklich auf die Bedeutung des Textes zu achten. Nehmen wir doch nur mal den Oldie *Substitude* der Gruppe Clout. Eine Coverversion, im Original ist der Song von den Righteous Brothers, die aber längst nicht so erfolgreich damit waren. Ich liebe diesen Song. Schön laut im Auto, gerne auch zum Sport! Herrlich! Aber haben Sie mal *hin*gehört, was die da singen?

Übersetzt heißt der Refrain in etwa:

»Ich werde dein Ersatzteil sein, wann immer du mich willst.« Ähm, hallo? Geht's noch? Womit wir wieder beim Punkt

187

»Sprache« wären. Auch Liedtexte prägen uns auf eine gewisse Art. Ich bin bestimmt kein Ersatzteil. Also zumindest ab heute nicht mehr, weil ich bei dem Song lieber nicht mehr laut mitsinge.

Genauso finde ich auch Whitney Houstons *The Greatest Love Of All* gänsehautverdächtig, hätte mir aber gewünscht, sie hätte einen Funken von dem, was sie da singt, selbst geglaubt. Denn hätte diese Frau sich selbst geliebt, hätte es nicht so ein generationsübergreifendes, tragisches Ende geben müssen.

Ich höre auch gerne Dusty Springfield, die war schon immer eine Wahnsinnssängerin, finde ich. Doch so wirklich emanzipiert sind ihre Texte nicht gerade. 1964 sang sie zum Beispiel zum ersten Mal *Wishin' and Hopin'* und beschwor uns, nur warten und hoffen und warten und hoffen und schlussendlich warten und hoffen zu müssen, um am Ende nicht allein dazustehen. Ach, und wir sollen natürlich nur die Dinge tun, die IHM gefallen!

Heute bin ich erwachsen und weiß, dass Texte und Musik künstlerischer Freiheit unterliegen und dass man nicht alles so ernst nehmen sollte beziehungsweise dass alles, was von Menschenhand erschaffen wird, auch Fehler hat. Aber ich frage mich, wie zum Beispiel der folgende Text von Bushido auf 14-jährige Mädchen und Jungs wirkt:

»Wie du in deinem Bett sitzt, halb nackt, du Dreckstück / Ich wusste, dass du so bist, und jeden Dreck fickst / Nur weil du eine Frau bist und man dir in den Bauch fickt / Heißt es nicht, dass ich dich nicht schlage, bis du blau bist.«

Mmmhhh, etwas schwierig, finde ich …

Wenn die Sprache verroht, dann verroht auch die Gesellschaft. Und die Hemmschwelle, sich so gegenüber der Lehrerin, der Mutter oder der Freundin zu äußern, wird vielleicht geringer, wenn doch ein Superstar wie Bushido es vorlebt.

Stellen Sie sich nur mal den Aufschrei vor, wenn anstelle des Wortes »Frau« das Wort »Jude« oder »Moslem« besungen werden würde. Ich vermute, der wäre sehr laut. Zu Recht! Aber bei Frauen ist das okay? Wir alle schreien *»me too!«*, während so ein Song zum Riesenerfolg wird. Das kann ich nicht nachvollziehen. An dem Kopf-Aua eines Bushido kann ich nichts ändern, aber was ich für Musik höre, entscheide ich selbst. Und vielleicht auch, was meine Kinder hören, oder mindestens, wie sie das Gehörte einzuordnen haben. Denn mit Verboten kommt man hier vermutlich nicht weiter, aber wir können, nein, *müssen* mit unseren Kindern im Gespräch bleiben darüber, dass so eine Art der Kommunikation – zumindest meiner Überzeugung nach – nicht normal und auch nicht gut ist.

Da bleibe ich doch lieber meiner Mary Roos treu und höre beim Joggen das Lied *Unbemannt*. Kennen Sie nicht? Dann mal her mit einem kurzen Auszug:

> *»Ich hab geliebt, ich hab gelacht*
> *Aus jedem Du ein Wir gemacht*
> *Ich bin so oft gegen verschlossne Tür'n gerannt*
> *Ich hab geliebt, ich hab gedacht,*
> *Dass mich nur ein andrer glücklich macht.*
> *Bis ich verstand: Das Glück an sich ist unbemannt.«*

Ja, ich finde, Emanzipation fängt auch hier an. Wenn jede von uns das tut, was in ihrer Macht steht. Und wenn ich eben gut singen und texten kann, dann, wie heißt es doch so schön: *Take your pleasure seriously!*

Das soll nicht bedeuten, dass es nur noch Suffragettenlieder geben darf. Aber es schadet doch nicht, wenn eine Künstlerin ab und an ein bisschen Botschaft in ihre Lieder packt. Wir haben so tolle deutschsprachige Künstlerinnen, mit viel Talent und einer enormen Reichweite, die als Botschaft nur mitgeben, dass sie manchmal kurzatmig sind und eine Schwäche für Schokolade haben. Das finde ich sooo schade! Und natürlich weiß ich, dass sie sich ihre Vorbildfunktion nicht ausgesucht haben und mit ihrer Musik eigentlich nur unterhalten wollen. Aber ich glaube, es geht beides zusammen. Man kann unterhaltsam eine Botschaft mitgeben. Und wie schön wäre es, wenn all die hunderttausend Konzertbesucherinnen dann Folgendes mitsingen würden:

»Finger weg, alter Mann! Du kommst nicht mehr an mich ran!«

Oder auch gerne:

»Ich werd Chefin, weil ich's kann, und ihr kommt nicht dagegen an!«

Nur mal so als Vorschlag …

Benimm dich mal!

Ich habe mal ein Zitat von Freiherr Knigge gelesen, das in etwa so lautete:

Alle Regeln, die geschrieben worden sind,
gelten nicht an den Orten,
an denen Freunde zusammenkommen.

(Nur sinngemäß, nicht wörtlich.)

Das finde ich sehr, sehr spannend.

Ich bin ein Freund von gutem Benehmen, auch wenn ich längst nicht alle »Regeln« kenne. So weiß ich zum Beispiel dank »Pretty Woman«, dass das Besteck bei einem mehrgängigen Menü von außen nach innen zu benutzen ist.

Aber ich weiß nicht, wer in einer größeren Gruppe zuerst begrüßt wird. Und soll ich Ihnen was sagen? Ich finde, das muss ich auch nicht. Denn für alles, was ich nicht weiß, habe ich mein Bauchgefühl und meine gute Erziehung – und darauf ist eigentlich immer Verlass.

Meine Eltern waren bestimmt nicht streng oder autoritär, aber wenn ich irgendwo reinkam und ich sagte nicht laut und deutlich »Guten Tag / Morgen« oder wenigstens »Hallo«, dann konnten sie ungemütlich werden. Ich kann heute noch in keinen Supermarkt gehen, ohne laut »Guten Tag« zu sagen. Ebenso verhält es sich mit »Danke« und »Bitte«. Manchmal erschrecken sich die Menschen richtig.

Als ich kürzlich mit meiner Freundin Julia bis in den frühen Morgen tanzen war und wir uns danach einen Döner genehmigten, war ich – trotz gestiegenen Alkoholpegels – erschrocken über ein Schild, das hinter dem supernetten Dönerbudeninhabermenschen prangte.

Da stand:

>»Für ein ›Hallo‹ € 0,50 Rabatt
>Für ein ›Bitte‹ € 1 Rabatt
>Und für ein ›Danke‹ und ›Bitte‹ € 2 Rabatt«

Logischerweise sprach ich ihn darauf an, und wir verbrachten dann weit über eine Stunde in dem Laden. Eigentlich habe ich hier alles gelernt, worauf es im Leben ankommt.

Mustafa erzählte uns: »Ach, die meisten gucken uns bei der Bestellung noch nicht mal an, sondern tippen währenddessen auf ihrem Handy rum. Weißt du, ich bin Türke, ich kann die deutsche Sprache sicherlich nicht perfekt, aber ›Ich Döner!‹, das ist doch kein Satz. Da haben wir uns das einfallen lassen. Und siehe da, es funktioniert.«

Das, was Mustafa berichtet, beobachte ich selbst und Sie, meine Damen, sollten Sie im Handel oder im Service tätig sein, bestimmt auch. Ich hole nicht die Früher-war-alles-besser- oder die Jugend-von-heut-Keule raus, weil das gar nicht nur die Jugend betrifft.

Aber neulich standen in einer großen Kaufhauskette mehrere junge Frauen vor mir an der Kasse. Ich weiß nicht, ob Sie es wussten, aber man telefoniert ja heutzutage nicht mehr mit Handy am Ohr, nein, man macht entweder Facetime oder man hält das Handy vor den Mund. Sodass auch alle etwas davon haben.

Ich habe mir angewöhnt nachzufragen, wenn mir etwas in dem unfreiwillig mitbekommenen Gespräch unklar geblieben ist. Die Kassiererin wurde weder begrüßt noch zur Kenntnis genommen, geschweige denn, dass sie ein Bitte, Danke oder Tschüss zu hören bekam. Das geht doch nicht.

Darum: Ich glaube, dass, wenn meine beiden Jungs

• Hallo
• Tschüss
• Danke
• Bitte

regelmäßig anwenden, ist das wertvoller als jeder Schulabschluss. Denn Fakt ist, aus schlecht erzogenen Kindern werden schlecht erzogene Erwachsene. Manchmal werden sie sogar Präsident.

Liebe Damen, Sie lesen gerade mein fünftes Buch. Ich weiß aus Erfahrung, dass Sie alle intelligent und wohlerzogen sind, so gut kenne ich meine Leserschaft. Sollten Sie in größerer Runde mal unsicher sein, wie Sie sich förmlich korrekt zu verhalten haben: Verlassen Sie sich auf Ihr Bauchgefühl und Ihre gute Kinderstube. Glauben Sie mir, das reicht völlig aus!

Oder aber Sie legen Ihre Unsicherheit offen.

Ich sage dann so was wie:

»Ich weiß jetzt gar nicht, wer hier zuerst die Hand bekommt, daher gehe ich einfach mal der Reihe nach vor.« Ich glaube, mir war deswegen noch keiner böse.

Und wenn Sie es mit einem jüngeren, vielleicht nicht ganz so wohlerzogenen Chef zu tun haben, dann zweifeln Sie bitte nicht an sich, sondern eher an seinem Elternhaus. Und: Sie haben keinen Bildungsauftrag.

Schlechtes Benehmen macht sich in vielerlei Hinsicht bemerkbar. Einiges möchte ich aufzählen. Übrigens: Die folgenden (schlechten) Angewohnheiten sind unabhängig vom Geschlecht. Es gibt auch unpünktliche, schmatzende Frauen, aber in diesem Buch geht es nun mal vor allem darum, das Verhalten der Männer (die auch nur Menschen sind) unter die Lupe zu nehmen.

Ins Wort fallen

Das ist wirklich eher ein Männerding, um es mal zu pauschalisieren (mir passiert es leider auch oft, insbesondere dann, wenn mir Dinge nicht schnell genug gehen).

Was machen wir im Meeting, wenn der Chef uns immer wieder ins Wort fällt?

Mein Bauchgefühl sagt mir: Lassen Sie ihn.

Die Menschen hören nichts so gerne wie den Klang ihrer eigenen Stimme. Lassen Sie ihn ausreden und schauen Sie ihn danach besonders lange und durchdringend an, bevor Sie vielleicht etwas sagen, wie:

»Darf ich jetzt wieder übernehmen?« (gerne in harmlosem Tonfall).

Oder aber: »Bevor Sie mich unterbrochen haben, sprach ich gerade von …« (gerne in noch harmloserem Tonfall).

Zuspätkommen

Aaaaaaaah, ich hasse Unpünktlichkeit wie die Pest! Ich verrate Ihnen auch, warum. Unser kostbarstes Gut ist Zeit. Und das möchte *ich* niemandem stehlen, indem ich ihn oder sie warten lasse. Das ist für mich eine Frage von Respekt.

Ich bin in meinem ganzen Leben noch nie aus eigenem Verschulden zu spät gekommen.

Als ich noch im Vertrieb gearbeitet habe, war mein Hauptakquiseland Italien. Ich sage Ihnen, ich kam hier deutlich an meine Grenzen. Kulturelle Unterschiede nehme ich zähneknirschend hin. Aber wenn ein Meeting um neun Uhr anfangen soll, ein Meeting, in dem *Sie* eine Präsentation halten, und der Chef kommt locker zwanzig Minuten zu spät, empfinde ich das als Affront. Ich weiß nicht, was Knigge dazu sagt, aber was sagt Ihr Bauchgefühl?

Meines: Man darf sich dazu verhalten. Ich finde sogar, man muss sich dazu verhalten. Sonst kommt er das nächste Mal eine halbe Stunde zu spät.

Mir ist das mal genauso passiert. Was ich getan habe? Einfach angefangen. Und dann im Meeting zu meinem Chef gesagt:

»Ich bin davon ausgegangen, dass dich der Inhalt der Präsentation nicht interessiert, sonst wärest du pünktlich gewesen oder hättest angerufen. Daher habe ich schon mal angefangen. Du kannst die Punkte ja gerne nachlesen.«

Oh, das gab vielleicht ein großes Hallo, sag ich Ihnen. Mein Chef wollte unter vier Augen mit mir sprechen. Total gerne! Dabei habe ich ihm dann gesagt, dass ich seine Aufregung nicht verstehen könne, denn a) sei *er* zu spät gekommen und b) sei die Warterei Arbeitszeit, die er bezahle. Und wenn ihm lieber sei, dass ich diese wertvolle Zeit mit Herumsitzen verbrächte, anstatt für Umsatz zu sorgen, dann wüsste ich jetzt Bescheid.

Er ist während unserer gemeinsamen Zusammenarbeit keinen einzigen Tag pünktlich gekommen.

Habe ich nicht in der Hand.

Nicht mein Zirkus, nicht meine Affen.

Was ich in der Hand habe, ist mein Umgang damit. Und da ich nicht mit Mitte zwanzig an einem Herzinfarkt sterben wollte, entschied ich mich eben für die oben geschilderte Variante: einfach anfangen.

Schlechte Tischmanieren

Schlechte Tischmanieren folgen bei mir direkt auf Unpünktlichkeit. Ich kann sie gar nicht leiden. Ich gehe beruflich viel essen, darum komme ich damit leider viel in Berührung. Noch mal zur Erinnerung: Ich kenne den Knigge nicht auswendig, und mir sind bestimmt auch schon Fauxpas passiert. Jedoch würde ich behaupten, die »Grundmanieren« zu beherrschen. Die größten Herausforderungen sind dabei für mich: Ekel und Fremdschämen.

Ist Ihnen schon mal aufgefallen, dass man sich, soweit es geht, zu distanzieren versucht, wenn das Gegenüber etwas tut, das einem zutiefst unangenehm oder zuwider ist?

Mir geht das bei Menschen so, die sich überlaut unterhalten und überlaut lachen, was für mich ausdrückt: »Seht her, ich laaaache!« Da werde ich dann ganz, ganz leise.

Ich habe gelesen, dass Gähnen nur dann ansteckend wirkt, wenn einem der gähnende Mensch sympathisch ist. Wenn Sie denjenigen also nicht leiden können, verkneifen Sie es sich, weil Sie nicht mal ein Gähnen mit diesem Menschen gemeinsam haben wollen.

Mit den Tischmanieren ist es doch ein bisschen wie mit dem Takt: Es fällt nur auf, wenn man ihn *nicht* hat.

Wie verhält man sich aber, wenn man in einer größeren Runde, inklusive Chef, essen geht und Letzterer von Tischmanieren offenbar noch nie etwas gehört hat? Wenn er beispielsweise laut über den Teller kratzt oder die Suppe akustisch gut vernehmbar schlürft. Ich fürchte, es bleibt einem nur, tief durchzuatmen.

Sie können Ihrem Chef auf die Schnelle keinen Wie-esse-ich-richtig-Kurs verpassen. Und, und das ist vermutlich für uns Frauen die größte Aufgabe: nicht fremdschämen! Seine schlechten Manieren haben rein gar nichts mit Ihnen zu tun! Das ist nicht Ihr Tanzbereich.

Was wir tun können, ist, bei unseren Kindern darauf zu achten, dass sie später nicht zu Männern (und Frauen) werden, für die sich andere schämen müssen.

Streng genommen, meine Damen, sind wir wieder beim Thema »Maßstäbe«. Vielleicht essen wir etwas entspannter, wenn wir unsere hohen Tischmanieren-Ansprüche für uns, nicht aber für unser Gegenüber ansetzen.

Alle Macht dem Bauch!

Ich stehe an der Fleischtheke meines Stammsupermarktes und warte auf meine Lieblingsverkäuferin. Ich gehe hier seit Jahren einkaufen und mag das Team und schätze die Qualität der Lebensmittel sehr.

Im Einzelhandel und in anderen vergleichbaren Branchen herrscht, so meine Erfahrung, oftmals ein anderer Ton als in Büros, nicht selten wirkt er sehr rüde. Hinter meiner Fleischtheke ist das auch so. Das Team scheint aber einfach super zusammenzuarbeiten. Man spürt das über die Theke hinweg. Es wird gemeinsam gelacht und sich auch mal gegenseitig ein Spruch reingedrückt. Das ist genau der Grund, warum ich dort so gerne hingehe.

Meine Lieblingsfleischereifachverkäuferin kommt von hinten an die Theke.

Der Metzgermeister, der die Kundschaft bedient, sagt mit tief rheinischem Akzent:

»Tach, Hilde, da biste ja. Och, wie siehst du denn aus? Du gefällst mir aber heute gar nicht!«

Ihre Antwort:

»Tach, Heinz! Du gefällst mir wohl eigentlich nie!«

Ich habe mir fast in die Hose gemacht vor Lachen. Ebenso wie die restliche Kundschaft und: der Chef höchstselbst!

Die Antwort war übrigens ein Gegenkonter, haben Sie's erkannt?

Wenn ich Ihnen diesen Dialog ohne Einleitung präsentiert

hätte, hätte die eine oder andere unter Ihnen vermutlich Schnappatmung bekommen.

Genauso, wenn ich in meinem Seminar das wohl bekannteste Beispiel der Geschichte anführe, nämlich die angebliche Aussage Winston Churchills, der während einer seiner Unterhausreden von einer oppositionellen Hinterbänklerin zu hören bekam:

»Wenn ich mit dem Mann verheiratet wäre, würde ich ihm Arsen in den Kaffee geben.«

Darauf Churchill:

»Und wenn ich mit der Dame verheiratet wäre, würde ich ihn trinken.«

Da bekomme ich gerne diese Hohoho-Lacher zu hören, die ausdrücken »Boah, wie frech!«. Keine der Damen echauffiert sich über den Angriff, die Empörung gilt lediglich der Antwort.

Was ich damit sagen will: Schlagfertigkeit ist abhängig von der Situation und von unserem Bauchgefühl getrieben. Das Umfeld, das Miteinander, der Ton untereinander bestimmt die Antwort. Und so frech sie inhaltlich auch sein mag: Der Ton macht immer noch die Musik. Der, der seiner jeweiligen Umgebung eben angepasst ist.

In unserem Fleischthekenbeispiel ist es nicht nur der Gegenkonter, den wir »live« erleben dürfen, es ist so viel mehr!

Hilde, die war ganz bei sich! Die zuckte nicht mal. Warum? Weil dieser Ton, die Atmosphäre ihrer Arbeitsstätte, mit Sicherheit für sie an der Tagesordnung liegt, weil man schon in der Lehre die Goldwaage vermutlich besser abgeben sollte. Natürlich muss man so einen Umgangston mögen. Wenn das aber vorausgesetzt wird, lernen wir etwas, was für Schlagfertigkeit maßgeblich wichtig ist: dass Sie sich damit wohlfühlen. Es hätte für Hilde bestimmt noch ganz viele andere

Möglichkeiten gegeben zu antworten, aber keine davon wäre gewesen, zum Spiegel zu gehen und ihr Äußeres zu checken.

Wenn Sie jetzt die Situationen durchgehen, in denen Sie *wortlos* zurückgeblieben sind, und sich anschauen, *wer* anwesend war, entdecken Sie vielleicht das Problem. Waren Sie mit dem (oft stillschweigend vorausgesetzten) Umgangston vielleicht gar nicht einverstanden, den Personen um Sie herum einfach angeschlagen haben?
Und wenn Sie dann ganz mutig sind, stellen Sie sich die berechtigte Frage, warum diese Menschen überhaupt in Ihrer Umgebung sein dürfen …?
Wir schweifen ab.

Mama, du gehst mir auf den Sack!

Meine Jungs sind noch nicht in der Pubertät. Gott sei Dank! Andererseits, wer weiß, zu welchen Büchern mich das inspirieren wird …?

Schlagfertigkeit in der Kindererziehung finde ich ein spannendes Thema. Die Kehrseite der Medaille ist nur, dass sich das bewahrheitet, was ich seit Jahren predige: Schlagfertigkeit kann man lernen.

Und Kinder lernen schnell.

Wenn Sie mich fragen, etwas zu schnell.

Meine Jungs geben mir Antworten, da schlackern Sie mit den Ohren. Aber es wäre inkonsequent, sie dafür zu ermahnen. Sie haben es ja von mir gelernt.

Ich neulich am Frühstückstisch zu Max:

»Schatz, so wie deine Haare aussehen, kannst du aber nicht los. Da musst du bitte noch mal drüberkämmen.«

Er mit süffisantem Lächeln, aber in ganz höflichem Tonfall:

»Und was bedeutet das für dich, Mama? Dass du *nie* mehr das Haus verlassen wirst?«

Ich weiß noch nicht mal, wie man diese Fertigkeit der Kommunikation nennt. Vielleicht bezeichne ich sie einfach als »Unverschämtes-Kwien-Kind-Technik«.

Wir haben natürlich beide darüber gelacht, denn ganz unrecht hatte Max mit meinem *Out-of-Bed-Look* nicht.

Und damit sind wir auch schon beim Thema. Denn genauso wichtig wie Schlagfertigkeit empfinde ich in der Erziehung Humor.

Meine Kinder haben mich entlarvt.
Ich wünschte, sie hätten mir noch ein paar Jahre mehr Zeit gegeben, aber sie haben mich schon jetzt entlarvt.
Sie wissen, dass ich wohl die chaotischste Person auf dem Planeten bin. Wenn ich mich im heimischen Bad für einen Auftritt fertig mache, müssten wir danach eigentlich renovieren.
Ganz abgesehen von den Stunden, die ich mit Suchen beschäftigt bin.
Ich suche bestimmt drei Stunden am Tag irgendwas.
Zurzeit suche ich meinen Personalausweis. Seit drei Monaten.
Angefangen damit habe ich am Flughafenschalter. Fortgesetzt bei der Bundespolizei am Airport. Und ich habe ihn bis heute nicht gefunden. Ich bin allerdings optimistisch, dass er sich in einer meiner 34 Handtaschen versteckt.
Nun bleibt diese, nennen wir sie »besondere Fähigkeit« meinen Jungs natürlich nicht verborgen. Die sind ja nicht blöd.
Und ich frage Sie: Wie glaubwürdig ist die Ansage der Chaos-Mom: »Zimmer aufräumen!«, wenn es in ihrem mindestens genauso wild aussieht?
Max stand letztens in unserem Schlafzimmer, guckte sich um und sagte: »Merkste selber, Mama, ne?«
Ich beziehungsweise wir fahren ganz gut mit dem Credo: authentisch, auf Augenhöhe, mit viel Liebe, Humor und großzügigen, aber bestimmten Grenzen.
»Ja, Schatz«, so meine Antwort, »merke ich selbst. Aber meinst du, ich finde das schön? Ich bin nur quasi zu alt, um

blöde Gewohnheiten abzulegen. Aber du hast noch alle Chancen.«

Bis jetzt klappt es.

Aber wie gesagt: Noch sind die Jungs nicht in der Pubertät.

Ich bin ja eine reine Jungsmama, und ich frage mich, ob es da Unterschiede zu Mädchen gibt? Auch oder gerade vor der derzeitigen Diskussion, es gäbe angeblich keine Unterschiede.

Ich frage »meine« Lisa. Lisa ist Journalistin und Autorin, und außerdem bloggt sie mit ihrer Freundin Katharina – mit der sie übrigens das wundervolle Mutmachbuch *WOW MOM* (jaaaaaa, Werbung, aber Sie erinnern sich daran, dass wir uns alle gegenseitig supporten wollen) geschrieben hat – seit Jahren auf dem nahezu größten Elternblog »Stadt Land Mama«. Davon abgesehen, gehört Lisa zu meinen nahestehenden Herzensmenschen und ist dreifache Mama.

Lisa, du bist sowohl Mädchen- als auch Jungsmama. Wobei die Jungs im Doppelpack kamen. Was ist für dich der größte Unterschied?

Tja, wo soll ich da anfangen? Unser Mädchen tickt tatsächlich anders als unsere Jungs, ich kann aber nicht sagen, ob das am Mädchen-/Jungsdasein liegt – oder einfach an einem unterschiedlichen Charakter oder an ihrer Position in der Familie. Auch durch Geschwisterkonstellationen entwickeln sich Eigendynamiken. Da nimmt mal ein Kind die Position des Vernünftigen ein, ein anderes übernimmt die Rolle des Clowns. Ich kenne auch Familien mit vier Jungs, in der alle unterschiedlich sind. Es ist also, wie so oft, eine Henne-und-Ei-Frage. Wer oder was war zuerst da?

Aus unserem Leben kann ich aber berichten, dass die Jungs

viel mehr in den Wettbewerb gehen, sich häufiger raufen, aneinander messen, während unser Mädchen zwar ebenfalls sportlich ist, aber auch Stunden allein auf dem Trampolin verbringen kann – ohne Challenge oder Gegenpart.

Sie richtet auch unglaublich gern ihr Zimmer ein, stellt Dinge um, dekoriert neu (von mir hat sie das nicht!), während die Jungs dafür absolut kein Gen haben. Nach deren Geschmack könnte auch einfach alles auf dem Boden liegen bleiben. Dafür können sie dir sämtliche Bundesligaspiele der letzten dreißig Jahre nacherzählen – okay, Champions League auch plus Transfers und Liebeleien der Spieler am Spielfeldrand.

Dafür haben wir zwei totale Kuscheljungs und ein absolutes Nichtkuschelmädchen, das schon im Alter von zwei Jahren nicht mal auf der Straße an der Hand gehen wollte, weil ihr das zu nah war.

Was den Umgang zwischen Mädchen und Jungen angeht, haben wir bei uns in der Familie nie große Unterschiede kommuniziert, und es hat tatsächlich noch nie einen Kindergeburtstag gegeben, an dem nur Jungs oder nur Mädchen eingeladen waren.

Doch, einmal gab es eine Ausnahme. Die Jungs dürfen natürlich auch getrennt Geburtstag feiern, wenn sie mögen, zwei Jungs, zwei Partys. Meistens feiern sie zusammen, nur einmal wollten sie gern zwei Geburtstage feiern. Allerdings nicht getrennt voneinander, sondern: einen nur für die Mädchen auf dem Ponyhof (sie finden Pferde nämlich sehr cool) und einen nur für die Jungen in der Soccerhalle.

Der größte Unterschied, den ich im Moment – also jetzt, wo alle pubertär oder vorpubertär unterwegs sind – ausmachen kann, ist, dass sich unser Mädchen sehr viel mit mir als Mutter abgleicht, während die Jungs sehr genau schauen, was der

Papa macht. Sie suchen sich gerade ihre Vorbilder und finden heraus, was sie von uns übernehmen und was sie ablehnen wollen.

Wo kommst du an deine Grenzen?
Im Alltag. Tatsächlich sehe ich da beim Mädchen derzeit sehr viel Empathie. Sie beobachtet, sieht und merkt genau, wenn die Stimmung bei mir kippt, sie hilft mir, wenn ich Einkäufe aus dem Auto schleppe. Die Jungs hingegen sind ganz bei sich selbst, nicht im Außen. Sie sehen nicht, wenn Hilfe benötigt wird, man muss das aktiv ansprechen. Das macht manchmal sehr mürbe, gerade wenn man wie ich im Leben sehr auf Empathie setzt. Ich würde sogar so weit gehen, zu sagen, dass ich das Mädchen überhaupt nicht erziehen muss, die Jungs hingegen schon. Und ich bin da gar kein Typ für.
Ich muss Dinge sehr oft wiederholen, weil die Jungs anders als das Mädchen (noch?) kein eigenes Ordnungssystem mitbringen. Auch hier weiß ich aber nicht: Ist das vielleicht einfach nur Charaktersache? Oder ein Zwillingsphänomen (»Ich war's nicht, der war's, deswegen räum ich das nicht weg«)? Heute Morgen finde ich in einem Raum den Füller, im anderen nicht weggeräumte Fußballsachen, im nächsten auf dem Fußboden Schulbücher, die sie nicht brauchen.
Auch was die Schule angeht, müssen wir sehr viel Motivationshilfe von außen leisten. Ganz anders als beim Mädchen, das in der letzten Woche eine 2+ in Mathe wiederbekam und die Lehrerin ungläubig fragte: »Huch, wie konnte das denn passieren?!«
Andererseits haben die Jungs in Dingen, die sie wirklich interessieren, einen Biss, der seinesgleichen sucht. In Sachen Fußball sind sie absolut diszipliniert und legen einen Wahn-

sinnsehrgeiz an den Tag. Einer von ihnen möchte später mal Polizist werden und recherchiert und macht und tut alles dafür. Er schaut sich SEK-*YouTube*-Videos an und kennt jedes Detail. Er ist sogar so weit gegangen, der Polizei Köln einen langen Brief zu schicken mit Lageplänen, wie er sich vorstellt, später aus unserem Hof eine Polizei-Ausbildungsstätte mit Hundestaffel und Pferden zu machen. Er bekam dann sogar einen Brief mit offiziellem Briefkopf zurück. Den hat er voller Stolz über seinem Schreibtisch aufgehängt. Was alle verbindet, ist eine absolut menschliche Art. Sie helfen alle gern, wenn es jemandem nicht gut geht, lassen sich immer wieder als Klassensprecher wählen. Und hören auch immer noch gern abends zusammen meinem Lesen zu (im Moment: »Das Tagebuch der Anne Frank«, das zu etlichen Gesprächen führt).

Mein Sohn sagte letztens: »Mama, du gehst mir auf den Sack!« Hörst du so was oder Ähnliches auch? Sagt das dein Mädchen zu dir?
»Yallah, yallah, hoppsassa, yo, Digga, lass ma Shishabar!«, war der letzte Satz, über den ich sehr gelacht habe. »Auf den Sack« hör ich eher nicht, aber neulich in der Drogerie gab's ein »Alter, Mama!«. Da hab ich gefragt: »Oh, wo? Wo ist ein alter Mama?«

Und beruflich: Kamst du dir als Frau schon mal schlecht behandelt vor?
Wenn ich ehrlich bin, eigentlich nicht. Natürlich hätte ich nach meiner Ausbildung gern einen festen Vertrag bekommen, den ich dann nicht bekam, weil ich schwanger war. Das habe ich damals aber nicht persönlich genommen. Und weil das mein Startschuss in die Selbstständigkeit war, die

mich heute sehr glücklich macht und zu der ich mich vermutlich sonst nicht getraut hätte, nehme ich das im Rückblick als nicht so negativ wahr. Und ich wurde zwar auch mal als Praktikantin nicht so wertschätzend behandelt, wie ich mir das gewünscht hätte, das habe ich aber nie auf mein Frausein bezogen.

Jetzt muss man aber auch sagen, dass ich in einer kreativen Branche arbeite und nicht in einem herrengeführten Unternehmensmoloch, in dem noch Hierarchie und Ordnung herrschen. Als Selbstständige sitze ich auch viel allein an meinem Schreibtisch – der ist eigentlich immer nett zu mir. Ich glaube aber, gerade bei uns Selbstständigen, dass uns viel, was wir nach draußen geben, von dort wieder zurück erreicht. Wenn du mit einer positiven Einstellung, einer wertschätzenden Art und mit helfender Hand durchs Leben gehst, dann wirst du selbst auch positivere, wertschätzendere und hilfsbereitere Menschen in deinem Umfeld sammeln. Das jedenfalls ist mein Ansatz – und der geht ziemlich gut auf bislang. Du kennst das ja selbst!

Und da hat Lisa recht. Das kenne ich tatsächlich selbst, sehr gut sogar.

Übrigens, auf den Satz »Mama, du gehst mir auf den Sack!« antwortete ich wie folgt:

»Schatz, ich bin da inhaltlich bei dir, aber vielleicht fällt uns 'ne andere Formulierung ein?«

Männer muss man loben?!

Ich gucke so gut wie nie private Sender. Warum, tut an dieser Stelle nichts zur Sache, mir gefällt schlichtweg die Richtung nicht. Außerdem findet mir da alles zu viel im Ohr, zu viel im Auge und zu wenig im Kopf statt. Egal.

Es gibt Ausnahmen. Eine davon ist nachmittags, wenn ich in einem Hotel bin. Da gucke ich mir wirklich zu gerne diese Hochzeitskleidsuchsendungen an. Weil ich sooo gerne Frauen in Brautkleidern sehe!

Vor ein paar Tagen sah ich folgende Szene: Die Ausstatterin fragt die Braut: »Wie hat er dir denn den Antrag gemacht?«

Die Braut: »Ach, das war soo romantisch! Wir lagen auf der Couch und aßen zu Abend. Und weil er so spontan keinen Ring zur Hand hatte, hat er ein Loch in die Gurke gebissen und sie mir angelegt.«

Alle so: »Oooooooooooooooh!«

Die Regie zeigt ganz stolz das private Foto mit der angefressenen Gurke am Finger: »Oder? Ist das nicht süüüüüß?! Da konnte ich nur ›Ja‹ sagen.«

Alle so: »Jaaaaaaaaaaa, voll romantisch! Und soooo süß und kreativ! Voll toll!«

Gut, meine Damen, jetzt bin ich schon 37 und war auch noch nie so wirklich romantisch, will sagen: Vielleicht liegt es an mir. Ganz sicher tut es das.

Aber die Realität ist: Der Mann hat eine Gurke angeknab-

bert und seiner Braut in Jogginghose einen Antrag gemacht.
Sie mögen mir verzeihen, dass ich nicht gleich ausflippe.
Der Mann wurde aber über den grünen Klee gelobt.
Und ich meine, dass ich auch das hier relativ häufig höre:
»Was? Dein Mann geht in Elternzeit? Toll!!«
Oder wenn mitten im Meeting der Kollege sagt: »Ich muss
heute früher los, meine Kleine hat Fieber«, flippen alle völlig
aus: »Sooo ein liebevoller Vater!«, während die Frau sich an-
hören darf, dass sie nicht gut organisiert sei.
Auch bei der Hausarbeit werden Männer beklatscht, wenn
sie die Spülmaschine ausräumen.
Hand aufs Herz, meine Damen, wie oft benutzen Sie die
Formulierung:
»Schatz, kannst du mir bitte die Spülmaschine ausräumen?«?
Und wie oft sagen Sie danach Danke?
Als ich kurz nach Max' Geburt wieder arbeiten ging – ich
war damals als selbstständiger Coach zuständig für eine gro-
ße Firma mit einer Marke zum Abnehmen –, standen meine
Teilnehmerinnen vor mir und fragten:
»Wo ist denn der Kleine?«
»Na, beim Papa!«, antwortete ich.
»NEIN! Das kann der? TOLL!«
»Das will ich hoffen, ist ja auch sein Kind.«
Ich habe meinen Mann gefragt, ob im Büro je gefragt wor-
den ist: »Was?? Der Kleine bleibt ganz allein bei Mama? Was
für eine Megafrau! Was die alles kann, toll!«
Bleibt die Frage: Muss man Männer loben?
Na ja, *müssen* tun wir gar nichts!
Und vielleicht ist der Ansatz, am Lob zu sparen, auch gar
nicht der richtige. Vielleicht sollten wir das Lob nur an an-
derer Stelle ebenso aufstocken. Also, ich meine, an anderen
Personen. Noch genauer: am anderen Geschlecht.

Und auch hier sind wir wieder ganz bei Solidarität und Loyalität, Mädels.

Lobt euch gegenseitig! Den ganzen lieben langen Tag. Es macht doch sonst keiner.

Wie müsste die Welt sein?

Hallo und herzlich willkommen zu: *Wünsch dir was!*
Meine Damen, stellen Sie sich vor, Sie wären zu Gast bei dieser Sendung und dürften sich unter dem Motto »Emanzipation und Gleichberechtigung« etwas wünschen. Wie müsste die Welt sein, damit wir komplett gleichberechtigt wären?
Genau diese spannende Frage habe ich auch in den Social Media gestellt. Ich glaube, meine »Fans« zu kennen, und wusste daher auch, dass ich in dieser Runde solch eine Frage stellen kann. Und siehe da, was kamen für wunderbare Antworten zusammen!

- »(…) Wir Frauen trauen uns viel zu häufig nicht zu, uns zu positionieren, als Expertinnen aufzutreten. Weil wir perfekt sein wollen. Und während wir darauf warten oder daran arbeiten, ziehen die Männer an uns vorbei.«
- »Finanzielle Anerkennung für häusliche Pflege, Kindererziehung und Haushaltsführung.«
- »(…) Erst wenn du aus dem Zyklus raus bist, bist du als Arbeitskraft wieder erwünscht. Nur sind die Männer dann alle an uns vorbeigezogen.«
- »Mich nervt, dass Männer sehr häufig hoch gelobt werden, wenn sie zwei, drei Monate Elternzeit nehmen, Frauen aber oft blöd angeguckt werden, wenn sie schnell wieder ins Berufsleben wollen.«

- »Führungskraft und Teilzeit darf sich nicht ausschließen.«
- »Mehr Elternzeit für Väter!«
- »Mehr Firmen, die Elternzeit für Väter als Einstellungskriterium voraussetzen.«

Die wohl am häufigsten genannte Antwort war im Inhalt die folgende:
»Ich möchte nicht von den Männern, sondern von den Frauen anders behandelt werden. Weniger Bewertungen, weniger Verurteilungen, weniger Neid und Hass.«
Oder:
»(…) Und am Ende hat wieder ein Mann die Nase vorn, und wir bemerken es nicht mal, weil wir so sehr mit unseren eigenen kleinen und großen Zickereien beschäftigt sind.«
Ladys, merken Sie etwas?
Die wenigsten Punkte liegen außerhalb unseres Wirkungskreises.
Die meisten Dinge, die wir uns wünschen, liegen in unseren Händen, wenn auch nur in unserem eigenen, kleinen Umfeld.

Wenn wir alles Revue passieren lassen, was wir gelesen (ich geschrieben) haben – wie geht es dann weiter?
Was könnten die ersten Schritte sein, damit wir glücklich, zufrieden, erfüllt und gleichberechtigt durch die Welt gehen?

1. Freundin anrufen
   Wäre eine Maßnahme. Und ihr einfach mal sagen, was Sie an ihr so richtig dolle mögen und warum Sie sie so gerne in Ihrem Leben haben.
2. Die eigene Acht finden
   Vielleicht findet sich die auch mit einer Freundin leichter.

Suchen und finden Sie diese Acht. Und achten Sie nicht darauf, wer oder was Ihnen im Weg stehen könnte. Denn vielleicht geht auch alles gut. Vielleicht machen Sie einfach mal. Egal was, aber machen Sie etwas. Erfüllen Sie sich Ihre Träume, am besten noch heute.

3. Opferrolle ablegen

Ganz ehrlich in sich gehen und überlegen, ob wir es uns in der Es-sind-immer-die-anderen-(gerne-auch-die-Männer-)Schuld-Haltung vielleicht zu bequem gemacht haben.

Denn die entzückenden Herren der Schöpfung, Ladys, das haben wir ausreichend beobachtet, sind nicht unser Problem. Und wenn doch, wissen Sie jetzt, damit umzugehen.

4. LOYALITÄT!!!!!

Frauen dieser Welt: Vereinigt euch!

Ich habe fertig.
Danke!

Danke

Eigentlich sind meine Dankesworte zum Gähnen langweilig. Seit fünf Jahren danke ich immer, immer, immer denselben Leuten. Daher, habe ich mir gedacht, mache ich mal was Neues, Innovatives und weihe Sie in die selbstzerstörerischen Phasen meines Schreibprozesses ein:

Die Das-wird-mega-Phase ist die Startphase eines neuen Buchprojektes, die Phase, in der ich glaube, einen Plan zu haben. Ein Konzept, einen roten Faden. Die fühlt sich gut an. Ich fühle mich sicher, gestärkt und voller Tatendrang.

Ihr folgt die Ich-habe-noch-soooooooooooo-viel-Zeit-Phase, die in erster Linie vom Nichtschreiben, weil keine Zeit, geprägt ist.

Auf dem Fuß folgt die Das-schaffe-ich-nie-Phase, in der ich kurz davor bin, meinen entzückenden Agenten Roman Hocke anzurufen, damit er den Abgabetermin bei *Droemer Knaur* verlängert.

Zur Ich-schreibe-überhaupt-gar-niiiiie-mehr-ein-Buch-Phase rufe ich dann meine Managerin Manuela Raschke an, die mit sanfter Stimme auf mich einredet und sagt, dass alles gut wird.

Danach wird es meistens besser. Dann kommt die Ach-guck-geht-ja-doch-Phase, in der allerdings meist das bisherige Konzept völlig über den Haufen geworfen wird und ein ganz anderes Buch entsteht, als ich es vorhatte. Hier ist es

215

dann oft Sebastian Fitzek (Sie erinnern sich, mein Blitzehe-
mann), der mich wieder in die Spur bringt.

Nach also vierhundert »Psychotherapiestunden« kommt
dann die schönste Phase.

Die Was-wird-das-ein-tolles-Buch-Phase, die meine Familie
wiederum mit seeehr gemischten Gefühlen verfolgt. Denn
sie weiß, dass dieser Höhenflug nur von kurzer Dauer ist.

Aktuell befinde ich mich in der vorletzten Phase. Die Wer-
will-eigentlich-ein-Buch-von-MIR/Was-maße-ich-mir-an-
darüber-ein-Buch-zu-schreiben-Phase. Sie ist existenziell.
Und mit latenter Panik verbunden. Aber ich bin in guten
Händen, denn meine Familie weiß mich zu betüddeln.

Ich hoffe, dass sich auch dieses Mal die letzte Phase von ganz
allein einstellt, die Aaaaaah-ich-freu-mich-so-Phase. Das ist
dann der Fall, wenn Sie, liebe Leserinnen, dieses Buch in
den Händen halten.

Sie sehen, so richtig viel Spaß macht das eigentlich nicht.

Trotzdem habe ich es zum fünften Mal getan.

Warum?

Weil das mit IHNEN da draußen soooo viel Spaß macht
und ich kaum etwas so sehr genieße, wie für Sie Leseshows
zu geben.

Apropos, wir haben uns wieder tolle Sachen einfallen lassen. Gucken Sie gerne auf www.nicolestaudinger.de nach
Terminen in Ihrer Nähe. Und bringen Sie Ihren Mann ruhig
mit. Aber Achtung, er sollte ein bisschen Bargeld dabeiha-
ben! Und wenn Sie eh schon am Rechner sitzen, freue ich
mich wie immer auf Ihre Meinung an: hallo@nicolestaudin-
ger.de.

Und hier doch noch die Menschen, ohne die das alles nicht
möglich wäre und die Sie größtenteils schon kennen:

Wie immer danke ich meinem Helden aus Düsseldorf (ich

habe es Ihnen gesagt: in JEDEM Buch!), der alle Weichen so gestellt hat, dass ich leben darf.

Ich danke Frau Dr. Schumacher und dem gesamten Team des *Brustzentrums Hohenlind* für nicht weniger als ALLES.

Ich danke den eben schon erwähnten Menschen Roman Hocke (und seinem gesamten Team), Manuela Raschke, Sebastian Fitzek und Stolli von *Raschke Entertainment* sowie natürlich dem gesamten Team von *Droemer Knaur* dafür, dass ich wieder einmal gelernt habe, dass Kollegen und Familie eins sein können.

Ich danke den Buchhändlerinnen und Buchhändlern für die vielen unvergesslichen Momente, die ich bei ihnen auf Lesungen erleben durfte und hoffentlich noch erleben darf.

Ich danke Katrin Born, Kathrin Schröder und Nina Antonia Siebach von *be: public relations* für die tolle Zusammenarbeit.

Dr. Philipp Richrath danke ich für die schönen Brüste.

Und, Sie werden es nicht glauben, ich danke einem ganzen Schwung toller Männer: Da wäre, Sie kennen ihn von Fotos, mein Christian Meyer, der mich schon im vierten Jahr begleitet und für die Sicherheit vor Ort sorgt. Ich danke auch – neu im Bunde – Michael Griese, der im letzten Jahr viel an meiner Seite war und der immer noch ganz allein bestimmt, welche PLZ sein Ort hat (Insider, müssen Sie nicht verstehen). Und Thomas Matiszik von *Contra Promotion,* der die Veranstalter regelmäßig charmant zwingt, meine Show aufzunehmen.

Und dann danke ich natürlich all diesen wuuuuuuuuundervollen Frauen in meinem Leben: Lisa, Nicole, noch 'ner Nicole, Dagmar, Jana, Manuela, Gerry, Julia, Gisela, Katrin, Kathrin, Nina, Emorfia, Tomma, Carola, Karla, Evelyn, Vera, Maria, noch ner Maria, Andrea und noch 'ner Andrea,

Steffi, Alex, Bianca und allen, die ich jetzt hoffentlich nicht vergessen habe.

Und, und da müssen Sie jetzt noch durch, natürlich gilt der absolut größte Dank meiner Familie. Ich liebe euch.

Das war's.

Die Kwien hat fertig.

Ach, stopp, eines noch:

Bleiben Sie gesund!

Quellen

Bushido feat. Fler: »Dreckstück«, auf: ebd.: »Vom Bordstein bis zur Skyline«, Aggro Berlin 2003, Berlin.

Mary Roos: »Unbemannt«, auf: ebd.: »Bilder meines Lebens – Mary Roos«, DA Records 2015, Diepholz.

Nicole Staudinger

SCHLAGFERTIGKEITSQUEEN

In jeder Situation wortgewandt und majestätisch reagieren

Kaum eine Frau, die das nicht kennt: Ein vermeintlich lustiger Scherz auf unsere Kosten, ein vergiftetes Lob oder unverblümte Kritik – und wie reagieren wir? Meistens gar nicht. Die Antwort fällt uns erst ein, wenn es längst zu spät ist. Doch damit ist nun Schluss: Trainerin und Bestsellerautorin Nicole Staudinger ermutigt Frauen, für sich selbst einzustehen und verbale Angriffe charmant und souverän zu kontern. Denn Schlagfertigkeit ist weit mehr als sprachliches Geschick. Schlagfertig zu sein ist eine Lebenseinstellung.

»Viele Ratgeber sind so nützlich wie
Schnee im Sommer – gut, dass es Ausnahmen
wie die von Nicole Staudinger gibt.«
Süddeutsche Zeitung

»Eine Frau, die sich traut.«
Bettina Böttinger

KNAUR✸

Nicole Staudinger

STEHAUFQUEEN

Die Herausforderungen des Lebens elegant und majestätisch meistern

Zeigen Sie dem Leben, wer hier die Krone aufhat!

Jeder erlebt einmal Rückschläge, doofe Tage oder auch echte Krisen. Doch wie schafft man es, damit fertigzuwerden und nie die Freude am Leben zu verlieren? Nicole Staudinger weiß, wovon sie spricht: Mit Anfang dreißig erkrankte die Mutter zweier kleiner Kinder an Brustkrebs. Doch anstatt die Hoffnung zu verlieren, entdeckte sie die Stehaufqueen in sich. Heute macht die erfolgreiche Trainerin und Bestsellerautorin anderen Mut, sich ebenfalls nicht unterkriegen zu lassen, sondern immer wieder aufzustehen. Denn: In jeder Frau steckt eine Stehaufqueen.

»Lustig, lebensnah und wahr.«
Süddeutsche Zeitung

»Sachbuch? Ratgeber? Comedy?
Nicole Staudinger vereint alles.«
Die Welt

KNAUR✱

Nicole Staudinger

ICH NEHM SCHON ZU, WENN ANDERE ESSEN!

Wie ich trotz 7 Millionen Ausreden 30 Kilo verlor

»Leider habe ich keine Unverträglichkeiten. Und ich mag alles, Süßes wie Herzhaftes. Am liebsten im Wechsel. Warum es diesmal trotzdem klappte? Weil ich mir keine unrealistischen Ziele mehr setzte.«

Wohl kaum eine Frau hat es noch nicht getan: Diät gehalten. Wir alle kennen das lästige Auf und Ab der Pfunde, die kurze Freude über purzelnde Kilos, bevor der Jo-Jo-Effekt sie schließlich wiederbringt. Auch Nicole Staudinger hat seit ihrer Teenagerzeit kaum einen Abnehmtrend unversucht gelassen – ohne Erfolg. Erst als sie sich vom Diäthalten verabschiedete und sich dem Thema Ernährung mit Humor und Schlagfertigkeit näherte, verschwanden die Pfunde. Dauerhaft. Die unterhaltsame und aufschlussreiche Abnehmgeschichte von einer, die es geschafft hat.

>»Man kann richtig was lernen
>von der Schlagfertigkeitsqueen!
>*Susanne Fröhlich*